企業、チーム、個人を成功に導く
「ビジネスモデル設計書」

ビジネスモデル・キャンバス 徹底攻略ガイド

今津美樹

SE
SHOEISHA

はじめに

本書は、ビジネスモデルの構築やビジネスの理解を深めることを目的とした**ビジネスモデル・キャンバス活用**のためのテキストです。ビジネスモデル・キャンバスは、世界的にも多くの企業や学校で活用が進んでいるグローバルフレームワークの１つです。

ビジネスモデルに関する書籍はたくさんありますが、新規ビジネスだけでなく既存ビジネスにも活用可能で、さらにビジネスを推進するうえで最も重要な**組織、チーム**の考え方にまで言及するものとして一線を画しています。

著者は、実際に多くの企業に伺い、実ビジネスのコンサルティングや企業研修を行っています。そのほとんどで課題となるのが、過去のやり方や成功体験が「今の変革を阻害」しているという実態です。特に目につくのが、すでに賞味期限切れのビジネス、変革期を迎えたビジネス、すでに破たんしているビジネス。こうした課題をなんとかしようと頭では理解しているものの、どうやって手をつけていいのかわからず立ち止まってしまっていると感じることがあります。

また、ゼロスタートのベンチャーは別として、大多数の企業は、新たな取り組みを進めたくても、すでに硬直化した組織や内部の抵抗であきらめてしまうことが多いのが実情です。

従来型の組織は、どちらかというとどのように成功したかという点にこだわり、どこがまずいかという点に目を向けた人が損をするという傾向があります。

本来、企業の変革や新たな取り組みを進めていくには、戦略や方針を掲げるだけでなく、実際にかかわる**チーム、組織の意識を変革**することが最も重要なのです。

● 武器としてのデザインアプローチ

では、具体的にこれからの戦略をどのように実施していくかという点において、たいへん重要になるのが**目標の可視化と共有**です。

昨今、ビジネス推進におけるデザイン思考、デザインアプローチという考え方が再度注目を集めています。

これを、著者なりに簡単にお伝えするとしたら**「仮説と検証」の繰り返し**と言えます。「こうしたサービスがお客様に喜んでいただける」と思ったら、まずは提供してみる。今一つの点があれば、それを改善して再度提供する。この繰り返しです。

昨日までの成功は、すでに過去のものです。明日の市場で競争する自分たちにマッチするかどうかの答えは、市場と顧客に問うしかありません。多くの経験から、まずは、**自分たちで考え、小さく実践する力**をつけることを急ぐのが正攻法と考えています。

こうした考え方は、すでに企業だけでなく、多くの学校や大学などでもアクティブラーニングやアクションラーニングといった形で取り入れられています。

実際に、急成長を遂げたビジネスをけん引する経営者の多くは、「成功の定石があるのではなく、やれることは片っ端からやった」と口をそろえておっしゃいます。

とはいえ、やみくもにいろいろなことを試すというのも合理的ではありません。そこで、何からどう試すことが近道なのかを考えるのが、本書でご紹介するビジネスモデル・キャンバスを活用した手法です。

キャンバスには、ビジネスを進めるうえで重要な要素を網羅的に可視化することができるため、目標や課題の共有を容易に行うことができます。

成功のための「解」を自分たちで見つける、その設計図を適切に共有するための手法をご紹介するのが本書のゴールなのです。

本書の構成

CHAPTER 1　ビジネスモデル・キャンバスの基礎

ビジネスモデルは、組織にとって不可欠なものです。それを簡単に可視化して共有するため用いるのが、ビジネスモデル・キャンバスです。

CHAPTER 1では、ビジネスモデル・キャンバスの9つのビルディングブロックの意味や記載内容を、おおまかに理解することを目的としています。はじめに、キャンバスの要素や書き方を確認し、1枚のキャンバスでビジネスモデルを可視化する手順を理解しましょう。

CHAPTER 2　ビジネスモデルの構築

1st キャンバスから 3rd キャンバスの作成まで、標準的なビジネスモデルの構築プロセスをステップごとにご紹介しています。仮説・検証によるデザインアプローチでビジネスモデルを構築する手法を確認しながら実践してみましょう。

検討を進めるうえでの留意点などもまとめてありますので、参考にしてください。

CHAPTER 3　チームモデルの構築

キャンバスを用いてチームモデルの検討や可視化を行う基本的な方法をご紹介しています。チームのビジネスモデルを共有しながら、チーム力の強化やチームコミュニケーションの改善のための考え方をご紹介しています。事例を参考に自分たちのチームに応用してみましょう。

CHAPTER 4　パーソナルモデルの構築

パーソナルモデルは、組織のビジネスモデルと密接に関連する自分自身のビジネスモデルです。パーソナルモデルをビジネスモデル・キャンバスと同じフレームワークを活用しながら検討する方法をご紹介します。

働き方の変化に対応するパーソナルモデルのあり方やチーム間の相互理解、個人のステップアップなど様々な課題に合わせて活用することができます。

CHAPTER 5　ケース別キャンバス活用例

ビジネスモデル・キャンバスは、シンプルでわかりやすいことから多くの企業や学校で利用されてきましたが、応用によってさらに幅広い課題の解決に役立つ強力なツールです。ビジネス、チーム、個人を対象に検討してきたキャンバスを、利用シーン別に組み合わせて応用した事例をご紹介しています。

本書の効果的な使い方

①まずは、CHAPTER 1 でビジネスモデル・キャンバスの全容がだいたい理解できるよう読み込みましょう。各ブロックの意味や書き方を確認しておきます。

②自分の目的に合わせて、CHAPTER 2 か CHAPTER 3 に進みましょう。
　はじめてキャンバスを学んでいる方や大きな組織に属している方は、本書の CHAPTER 順に読み進めることをお勧めします。
　キャリアデザインの最適化や個人のスキルアップを目指している場合は、CHAPTER 4 を読んでから CHAPTER 2 や CHAPTER 3 に戻っても構いません。

③全体が把握できたら、活用目的に合わせて、自分のビジネス、チーム、自分自身のキャンバスを書くことにチャレンジしてみてください。

④ CHAPTER 5 ではさらに応用編として、ケース別にキャンバスを組み合わせて活用した事例をご紹介しています。ご自身の課題に近いケースを参考に、実践に応用してみてください。

目　次

CHAPTER 3　チームモデルの構築

CHAPTER 4　パーソナルモデルの構築

CHAPTER 5　ケース別キャンバス活用例

本書内容に関する お問い合わせについて

このたびは翔泳社の書籍をお買い上げいただき、誠にありがとうございます。弊社では、読者の皆様からのお問い合わせに適切に対応させていただくため、以下のガイドラインへのご協力をお願い致しております。下記項目をお読みいただき、手順に従ってお問い合わせください。

●ご質問される前に

弊社 Web サイトの「正誤表」をご参照ください。これまでに判明した正誤や追加情報を掲載しています。

正誤表　https://www.shoeisha.co.jp/book/errata/

●ご質問方法

弊社 Web サイトの「刊行物 Q&A」をご利用ください。

刊行物 Q&A　https://www.shoeisha.co.jp/book/qa/

インターネットをご利用でない場合は、FAX または郵便にて、下記 “ 翔泳社 愛読者サービスセンター ” までお問い合わせください。

電話でのご質問は、お受けしておりません。

●回答について

回答は、ご質問いただいた手段によってご返事申し上げます。ご質問の内容によっては、回答に数日ないしはそれ以上の期間を要する場合があります。

●ご質問に際してのご注意

本書の対象を越えるもの、記述個所を特定されないもの、また読者固有の環境に起因するご質問等にはお答えできませんので、予めご了承ください。

●郵便物送付先および FAX 番号

送付先住所	〒 160-0006　東京都新宿区舟町 5
FAX 番号	03-5362-3818
宛先	（株）翔泳社 愛読者サービスセンター

※本書の出版にあたっては正確な記述につとめましたが、著者や出版社などのいずれも、本書の内容に対してなんらかの保証をするものではなく、内容やサンプルに基づくいかなる運用結果に関してもいっさいの責任を負いません。

※本書に記載されている会社名、製品名はそれぞれ各社の商標および登録商標です。

会員特典データのご案内

本書では、内容をより読者の皆様にお役立ていただくため、以下のダウンロードデータを用意しました。

1. 顧客の優先度マップ
2. クロス SWOT フォーマット
3. チームのためのビジネスモデル・キャンバス（チェック項目早見表）
4. 個人のためのビジネスモデル・キャンバス（チェック項目早見表）
5. ビジネス整理シート
6. 企画書サマリー
7. アクションプランの線表管理

会員特典データは、以下のサイトからダウンロードして入手いただけます。

https://www.shoeisha.co.jp/book/present/9784798167381

※会員特典データのファイルは圧縮されています。ダウンロードしたファイルをダブルクリックすると、ファイルが解凍され、利用いただけます。

●注意
※会員特典データのダウンロードには、SHOEISHA iD（翔泳社が運営する無料の会員制度）への会員登録が必要です。詳しくは、Web サイトをご覧ください。
※会員特典データに関する権利は著者および株式会社翔泳社が所有しています。許可なく配布したり、Web サイトに転載することはできません。
※会員特典データの提供は予告なく終了することがあります。あらかじめご了承ください。

●免責事項
※会員特典データの記載内容は、2020 年 8 月 1 日現在の情報に基づいています。
※会員特典データの提供にあたっては正確な記述につとめましたが、著者や出版社などのいずれも、その内容に対してなんらかの保証をするものではなく、内容やサンプルに基づくいかなる運用結果に関してもいっさいの責任を負いません。

CHAPTER 1

ビジネスモデル・キャンバスの基礎

OVERVIEW

1枚のキャンバスでビジネスモデルを可視化する

ビジネスモデルは、組織にとって不可欠なものです。それを簡単に可視化して共有するため用いるのが、ビジネスモデル・キャンバスです。

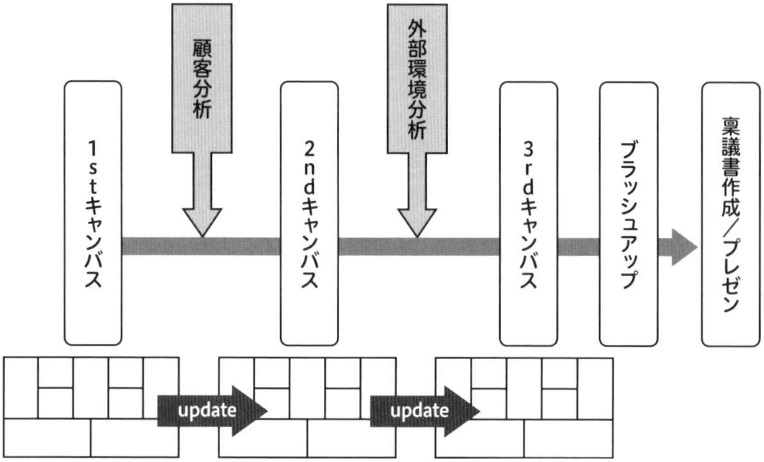

ビジネスモデル・キャンバスは、**9つの要素から構成される1枚のシート**です。9つの要素が一体となって、1つのビジネスモデルを表現します。企業が顧客に対する価値を創造し、提供し、それによって報酬を受け取るためのロジックです。

キャンバスを議論や検討に活用する場合、最初に全体像をつかむことが重要です。詳細さや正確性ではなく、スピード感や全体イメージの共有化を優先することをお勧めします。

そこで、ここでは簡単な整理のための**ドラフト（たたき台）を1stキャンバスと呼び、2ndキャンバス、3rdキャンバス**と、状況に応じた修正モデルにアップデートしていく工程をご紹介します。この工程については、CHAPTER 2 で詳しくご説明します。

- **1st（ファースト）キャンバス**
  ドラフトとして、いったん落とし込んだキャンバスです。完成度は低くても構いません。まずは可視化し、議論を進める際のスタートの状況を把握します。新規ビジネスや新しい取り組みの場合は、これから想定する仮説のビジネスモデルを描きます。

- **2nd（セカンド）キャンバス**
  1st キャンバスでターゲットとされた顧客のデマンド（要求）やヒアリング内容など、顧客分析の結果を反映させて 1st キャンバスをアップデートします。

- **3rd（サード）キャンバス**
  市場概況への配慮や競合対応など、リスク回避のためのシナリオを加味してさらにキャンバスをアップデートします。

POINT キャンバスは現状把握や競合分析にも使える

既存ビジネスの現状把握や競合分析を目的としてキャンバスを描くことも有効です。その場合は、現状を洗い出して明らかにするとともに、関係部署などにヒアリングしながら、課題や問題となる要素も意識しておくと次の修正モデルへの道筋を立てやすくなります。

シートの関係マップ

キャンバスの要素は、ほとんどの企業、組織に共通するものです。キャンバスは、論理的に関連のある９つの要素を整理した「**関係マップ**」として捉えます。各要素はビルディングブロックと呼ばれ、それぞれビジネスを効果的に運営していくために必要な人、場所、もの、リソース、活動などを表現していきます。

中心に配置された「VP（価値提案）」を中心に、左右で意味を持ちます。キャンバスの**右側はお客さんにかかわる収入、左側は自分たちの活動とそれにかかわるコスト**を表現できます。

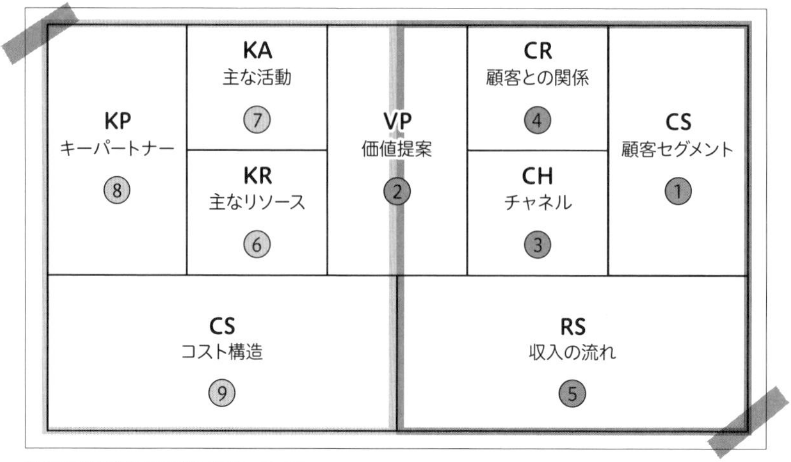

９つのブロック

９つのビルディングブロックのポイントは、次の通りです。

① CS（Customer Segments ＝顧客セグメント）：組織の存在理由の根幹となる要素。組織がかかわろうとする顧客グループを定義します。

② VP（Value Propositions ＝価値提案）：製品やサービスを通じて提供

する、顧客の抱えている課題を解決してニーズを満たす価値を定義します（ビジネスモデル・ジェネレーションのコミュニティのコアメンバーであるティム・クラーク博士と筆者は、「顧客にもたらす価値」と解説）。

③ CH（Channels ＝チャネル）：顧客セグメントとどのようにコミュニケーションし、価値を届けるかを記載します。

④ CR（Customer Relationships ＝顧客との関係）：組織が特定の顧客セグメントに対してどのようなかかわり方を持つかを記載します。

⑤ RS（Revenue Streams ＝収入の流れ）：組織が顧客セグメントから生み出す収入の流れを記載します（非営利団体や無料サービスの場合、ゼロやマイナスで表される場合もあります）。

⑥ KR（Key Resources ＝主なリソース）：ビジネスモデルの実行に必要な資産を記述。物理的資産だけでなく、知的財産や人的リソースなども含まれます。

⑦ KA（Key Activities ＝主な活動）：顧客に価値を提供する源泉となるような重要な活動を記載します。

⑧ KP（Key Partners ＝キーパートナー）：自分たちを助けてくれるパートナーやサプライヤーを記述。組織の活動にとって、代替の利かない重要なパートナーから検討します。

⑨ CS（Cost Structure ＝コスト構造）：ビジネスを運営するうえで、特に必要なコストを記述。「このビジネス特有の最も重要なコスト」に注目します。

次のページからは、各ビルディングブロックを詳細に説明します。

STEP 1 ターゲットを見極める顧客セグメント（Customer Segments）

このブロックでは、企業や組織がかかわるターゲットの顧客グループについて定義していきます。どのような顧客が存在するのか検討します。

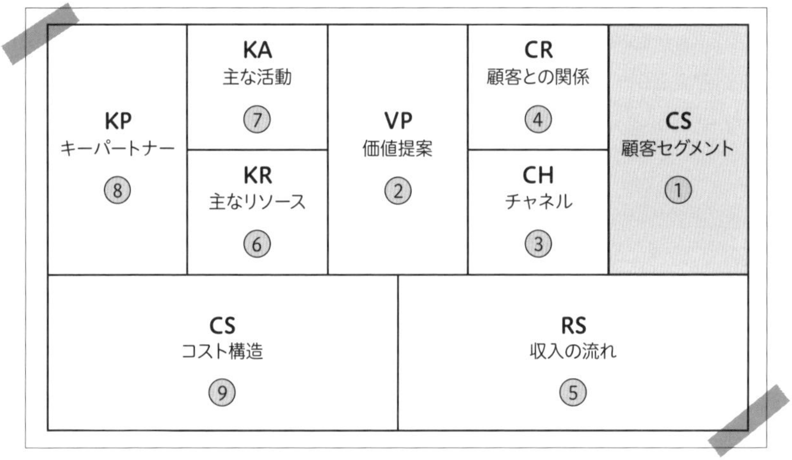

ビジネスモデル・キャンバスの中で、最初に取り組むのは**顧客セグメント（Customer Segments）**です。セグメントは、グループや一定の層を指します。

ビジネスモデルを検討する際、まずは**「自分たちのビジネスやサービスのターゲットは誰なのか？」**という見極めから始めます。顧客こそ、企業や組織が存在する理由です。

営利、非営利、公共、医療など分野にかかわらず、すべての組織は、1つまたは複数の顧客グループを対象にしています。有料と無料の両方の顧客セグメントを対象にする企業もあります。

検索サービスやSNSなどは、ほとんどのユーザがサービスの利用に料金を払っていません。しかし、無料ユーザが多く集まることで広告主にとって価値のあるサービスとなります。

このように、無料ユーザがビジネスモデルの成功に不可欠な場合もあります。

顧客セグメントを整理する

顧客セグメントの記載手順としては、まず思いつく顧客を具体的に書いていきます。

次に、それぞれの顧客に共通する切り口、例えば**共通の「ニーズ」や「お困りごと」、似たような「行動」パターン**のいずれかを手掛かりにグルーピングしていきます。顧客をグループとしてまとめることで、セグメント（一定の層）として整理することができます。

グルーピングにより、バラバラだった意見のレベル感をそろえたり、重複するイメージを整理したりできます。

この工程によって、検討メンバーがフォーカスすべき顧客のイメージをうまく共有できるようになります。また、より重要な顧客はどのセグメントなのかも意識しやすくなります。

POINT はじめての場合は、具体的な顧客をイメージする

はじめて顧客セグメントの議論を進める場合は、より具体的なイメージの顧客をいくつか考えます。最も典型的な１人の顧客のイメージでも構いません。具体的な顧客を手掛かりに、同じような動機を持つグループとまとめます。

グルーピングが難しい場合は、価値提案を検討してから再度検討しても構いません。

カフェチェーンの顧客セグメントは？

ここで、カフェチェーンであるコメダ珈琲店の顧客を例にグルーピングを考えてみます。

［図1-1］コメダ珈琲店の顧客セグメント例

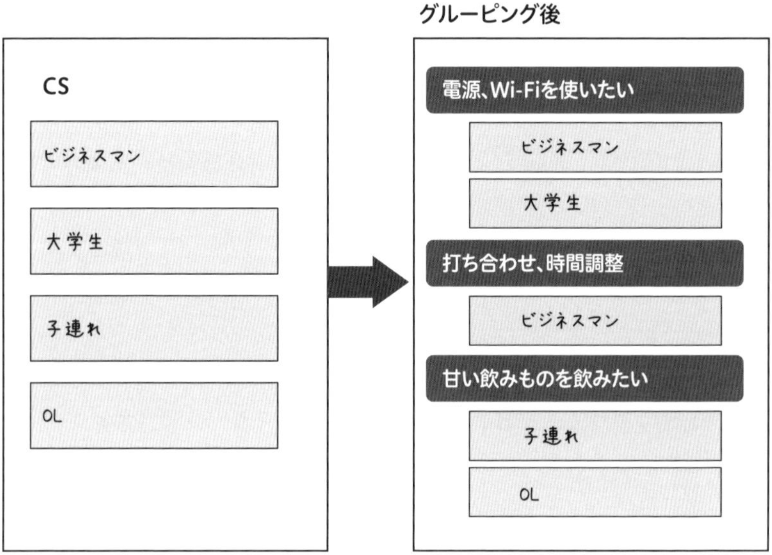

まずは「ビジネスマン」「大学生」など思いつく顧客を挙げ、「電源やWi-Fiを使いたい」といった個々の動機やニーズに基づいて整理することで、顧客をセグメント化することができました。これにより、ターゲットの絞り込みや優先度などの検討がしやすくなります。

顧客の優先度を見極める

次に、顧客に優先度をつけていきます。というのも、最初から幅広い顧客層に対してサービスを展開すると、負荷が高く、特徴をつけにくくなります。特にスピードを求められる昨今の市場では、有利な戦略ではありりません。

せっかく良いビジネスができても、時間をかけすぎてしまっては顧客のニーズが変わってしまうこともあります。多くの顧客のニーズを満たそうと機能をたくさん盛り込んでも、商品開発やサービス展開に時間がかかります。しかも、実際にはそれほどの多機能を求められていないケースも往々にしてあります。

まずはターゲットとなる顧客の潜在的なニーズを**顧客の立場**で追求し、顧客の一定のニーズを満たします。その後、**段階的に機能追加やサービスの追加**によって、顧客セグメントのさらなるニーズを満たし、より大きなビジネスに広げていく。こうした戦略が、昨今のスピーディーな市場で成功するポイントとなります。

優先度を考える明確な裏付けがない場合は、いくつかの仮説に基づいてヒアリングやリサーチを行いながら、ターゲットのイメージを補正していきます。

顧客の満足度を向上させるためには、顧客の真のニーズ、つまり潜在的なニーズを**顧客の立場で深く分析**し、理解することが不可欠です。

[図 1-2] ターゲットとする顧客層を絞ることのメリットは？

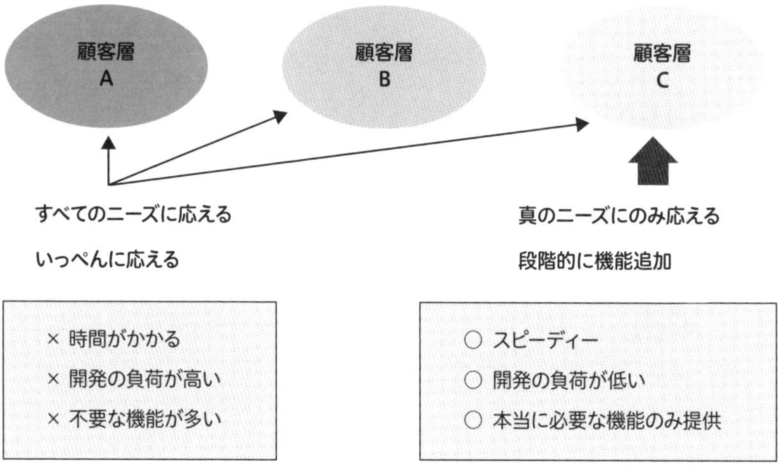

さらに STEP UP!　「顧客」と「エンドユーザ」

顧客セグメントには、「顧客」とは別に「エンドユーザ」が存在するビジネスもあります。

「顧客」というのは、製品やサービスを買ってくれる人、または買う判断をする人のことです。一方、製品やサービスを使うけれど**決定権を持たない立場の人**（赤ちゃんや子供、要介護者などサービスを受けるだけの人）のことは、「エンドユーザ」として考えます。

キャンバスで整理する場合も、別の顧客セグメントとしてグループ分けしておくと理解しやすくなります。

異なる視点

「顧客」と「エンドユーザ」が別々に存在する場合には、両方の視点が必要となります。それは、双方が求める「ニーズ」が必ずしも一致するわけではないからです。

例えば、「介護サービス」を考えてみましょう。

「エンドユーザ」は、サービスを直接受ける要介護者です。

一方、そのサービスにお金を払うのは本人ではなく家族である場合もあり、このとき「顧客」はそのサービスを受けるかどうかの決定権を持つ「家族」となります。

この場合、双方が求める「ニーズ」はどういったことが考えられるでしょうか。

図1-3のように、例えば顧客である家族は、「安心してお任せできること」や「施設周囲の環境が良いこと」などが決定要件になります。

一方、エンドユーザである要介護者は、スタッフの親しみやすさや居心地などサービスのスペックが気になる観点となります。

［図 1-3］介護サービスの顧客とエンドユーザの違い

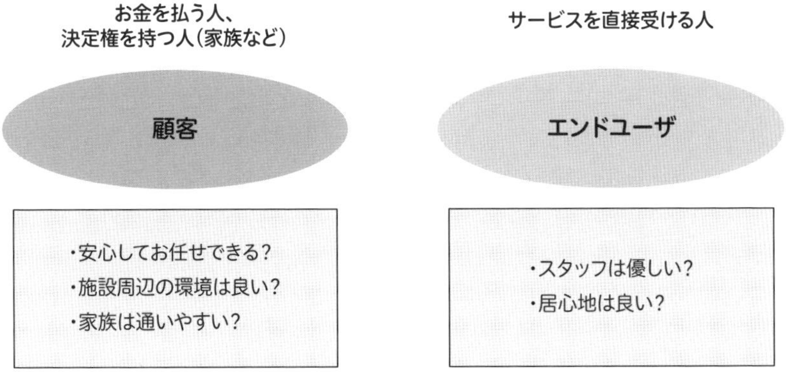
お金を払う人、
決定権を持つ人（家族など）
サービスを直接受ける人
顧客
エンドユーザ
・安心してお任せできる？
・施設周辺の環境は良い？
・家族は通いやすい？
・スタッフは優しい？
・居心地は良い？

このように、「顧客」と「エンドユーザ」のニーズが異なる場合、同じ顧客セグメントとして混在させてしまうと、価値提案が見極めにくくなります。

自分たちのビジネスの場合、顧客とエンドユーザを別のグループとして考えるべきか、両方セットで検討したほうがわかりやすいか、確認してみましょう。

POINT　CS のブロックを 2 段に分ける

顧客とエンドユーザの両方を 1 枚のキャンバスに描く場合は、顧客セグメントのブロックを上下に分割し、上段に顧客、下段にエンドユーザをまとめておきます。複雑になってわかりにくい場合は、いったん別々のキャンバスで検討しても構いません。

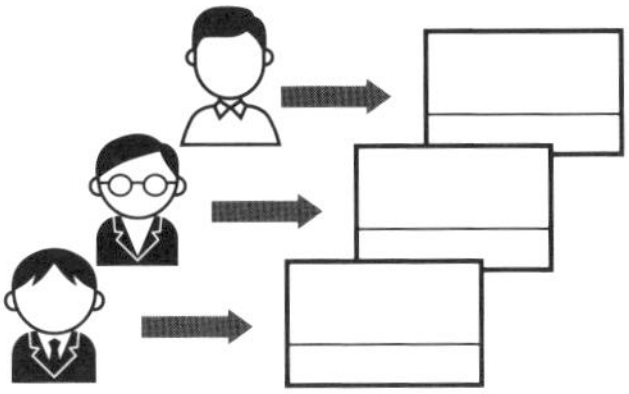

同一のビジネスなのに、少しずつ顧客のデマンド（要求）が異なるケースでは、顧客カルテのように、それぞれの顧客（アカウント）ごとにキャンバスを管理する方法もあります。

STEP 2

選ばれるための顧客への価値提案（Value Propositions）

このブロックでは、顧客セグメントが「何を解決してほしいのか」、「どんなことを求めているのか」を端的に記述していきます。

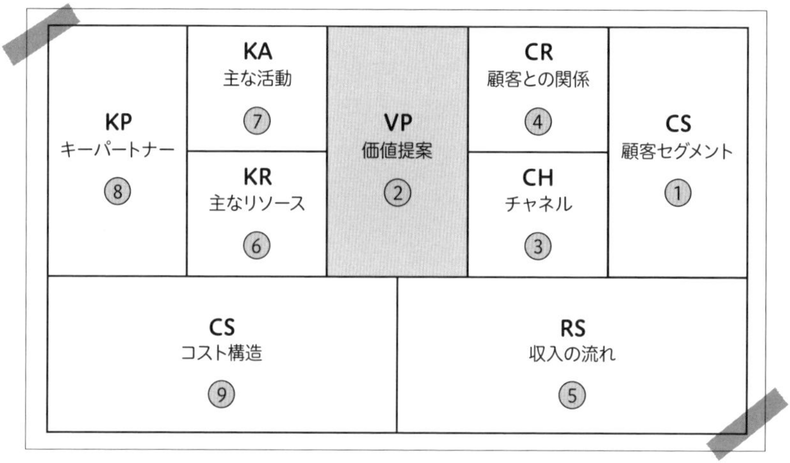

次の**価値提案（Value Propositions）**では、顧客が自分たちの「何に」価値を見出してくれているかを検討していきます。顧客が競合他社や類似サービスと比較して、**なぜ自分たちを選ぶ**のか、本当の理由を考えてみましょう。

顧客の抱えている問題を解決し、ニーズを満たすもので、顧客がなぜその会社や組織を選ぶのかという理由を考えます。顧客にとってどのようなバリューがあるのか、また顧客が自分たちの何にお金を払おうとしてくれるのかという観点です。

顧客セグメントとの対応も視野に入れて

顧客によって、それぞれ求める価値提案が異なる場合があります。そこで、どの顧客セグメントにどの価値提案がフィットするのかを確認するために、**顧客セグメントにそれぞれ番号**を書いておきましょう。

価値提案には、革新的で新しいものもあれば、既存の製品やサービスに対して、追加機能を加えただけでも十分に意味のあるものも考えられます。

企業が当初提供しようとした価値とは別の価値を顧客が見出してくれることで、大きな成功につながることもあります。こうした顧客の潜在的なニーズにいち早く気づき、いかに価値として提供できるかが重要になります。

STEP 1 で例として検討したコメダ珈琲店について、価値提案を挙げてみましょう。さらに、顧客セグメントに番号を振り、フィットする価値提案にその番号を書き入れます。

［図 1-4］コメダ珈琲店の例

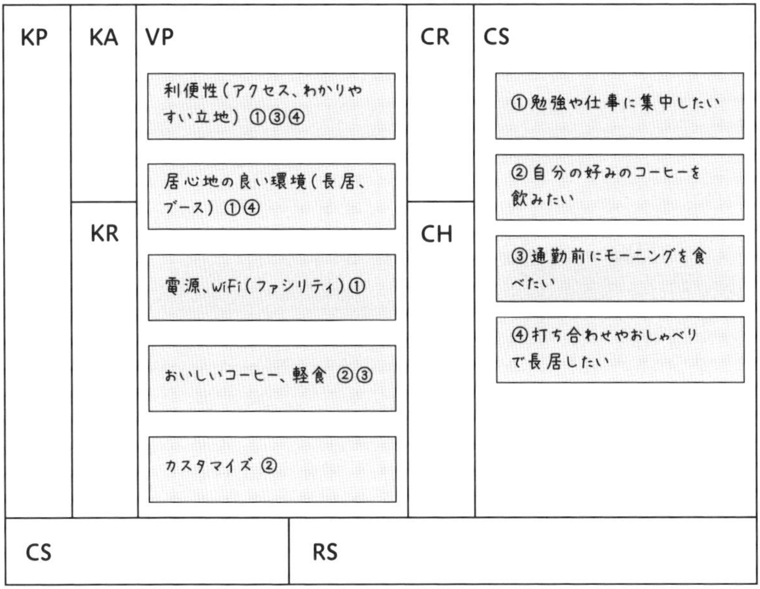

行ったり来たりチェックバック

キャンバスを検討するうえで、価値提案の要素をある程度出したら、いったん、すべての顧客セグメントについて何らかの価値提案が出ているかどうかチェックしてみます。

どの顧客セグメントにも対応していない価値提案が出ていたり、**価値が1つも提供されていない**顧客セグメントがあったりする場合には、過不足がなくなるようにもう一度価値提案について考えていきます。

顧客セグメントのブロックに立ち返り、まとめ方を見直したり、追加したほうが良さそうな顧客セグメントを加えても構いません。議論を重ねながらキャンバスを修正していきます。

POINT 目ぼしい価値提案がなければ……

優先度が高いと想定している顧客セグメントに対して、価値提案が少ない、あるいは競争力の低い価値提案しかない場合は、もう一度ニーズの洗い出しから考え直す必要があるかもしれません。

また、自分たちのサービスのベネフィットが十分に見極められていない場合は、競合情報などを調査しながら、より差別化できる価値提案はないか議論を深めることが必要です。

STEP 3 顧客との接点となるチャネル(CHannels)

ここでは、自分たちの価値を顧客に届けるためのタッチポイント（接点や経路）を記載していきます。

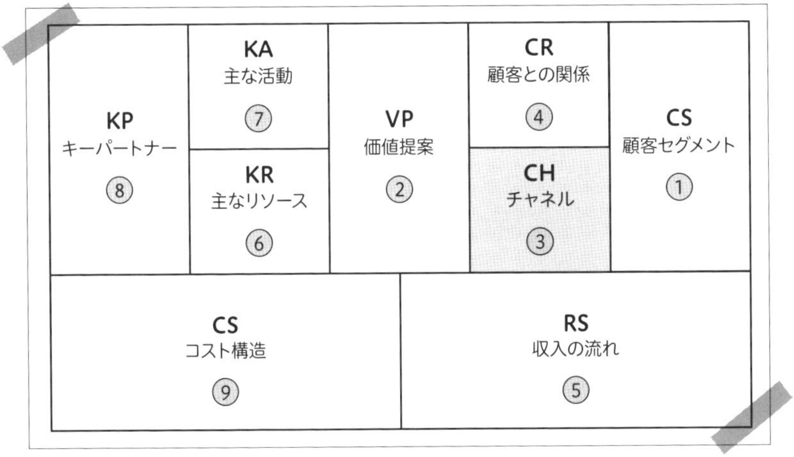

顧客セグメントと価値提案が書けたら、顧客との接点となる**チャネル(Channels)**を検討します。

顧客との接点と言っても、様々な経路が考えられます。仮に、明日から販売を始められる製品やサービスが今、手元にあると考えてみましょう。そのとき、真っ先に着手しなければならないことは何だと思いますか？それは、顧客に「知ってもらう」ことです。どんなに良い製品やサービスであっても、誰も知らなければ買ってもらうことはできません。

新しい商材をリリースする場合、販売チャネルなどにばかり目が行きがちですが、まずは宣伝広告や広報など、顧客に知ってもらうための「**認知**

チャネル」を開拓することが必要です。

ターゲットの顧客セグメントに適したチャネルとは？

販売チャネルや認知チャネルに限らず、自分たちの価値を届けるための顧客との接点を総称してチャネルと言います。

つまり、チャネルとしては、①認知を向上し、②評価してもらい、③購入できるようにし、④提供し、⑤アフターフォローする、という一連の流れ中で顧客とかかわる**タッチポイント（接点や経路）**を考えます。

①〜⑤は、いわゆるマーケティングプロセスにおける5つのフェーズですが、すべてを網羅する必要はありません。コミュニケーションから流通、販売チャネル、アフターフォローまでの顧客へのインターフェイスを検討し、現状のビジネスの状況やターゲットの顧客セグメントに影響の大きいチャネルに特化して考えます（ただし、⑤のアフターフォローは、次のブロックの「顧客との関係」と関連する内容です）。

顧客とのタッチポイントは、顧客の購入前、購入時、購入後の一連の購入経験に、重要な役割を果たします。

［図1-5］チャネルは5つのマーケティングプロセスを含む

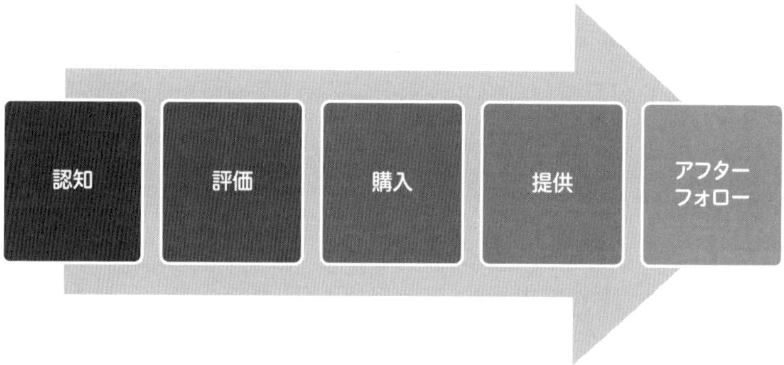

顧客の購買プロセスの把握が重要

チャネルのブロックには、価値提案を顧客に届けるために準備するタッチポイントの中でも、**直近で有効なもの**、顧客にリーチしやすい重要なものから記載していきます。

具体的には、告知する方法やその価値を届ける様々な接点や媒体などを書きます。例えば、はじめて発売されるサービスならより認知度を上げるための広告媒体を考えます。最初のターゲット顧客が高齢者なら紙媒体、若年層ならネットや SNS を主力にするといったことを考えます。

顧客の購買プロセスを理解し、課題をいち早く見極めることは非常に重要です。例えば、顧客のニーズをすべて満たす製品やサービスであっても、限られた店舗のみで販売した場合、直接店舗に来られない顧客は購入を断念するかもしれません。

顧客がどのようなプロセスで購入を決断するのか、どのような決済手段を用いるのか、**顧客が経験するすべてのプロセス**を把握することがビジネスを成功に導く大きな要因となります。

POINT 網羅的な内容では戦略があいまいに

HP、雑誌広告、TVCM、販売代理店など網羅的なチャネルを記載すると、要素が多くなるだけでなく当たり前の内容を並べることになり、戦略が明確になりません。

多くの顧客に幅広くリーチするマスマーケティング的な発想は避けましょう。ターゲット顧客に適切にリーチしやすいチャネルに着目しているか？　ビジネスのフェーズや状況に合ったチャネル戦略になっているか？　こうした点に着目して検討していきましょう。

STEP 4 構築して維持すべき顧客との関係（Customer Relationships）

ここでは、顧客セグメントがどんな関係を構築、維持してほしいと期待しているのか、どんな関係をすでに構築しているかを記載します。

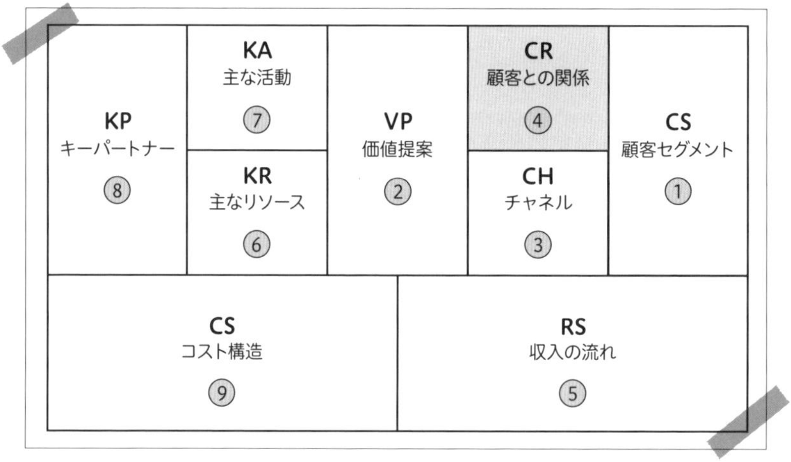

顧客との関係（Customer Relationships）のブロックでは、顧客と良好な関係を結ぶための要素を検討します。対面や電話などパーソナルなものからオンラインによる自動化されたものまで、様々な関係性が含まれます。

一般的には、顧客を獲得、維持、拡大（より高価なものを販売するアップセリング）するために、どのような仕組みを持てば良いのかを考えます。

[図 1-6] 顧客との関係として必要なのは……

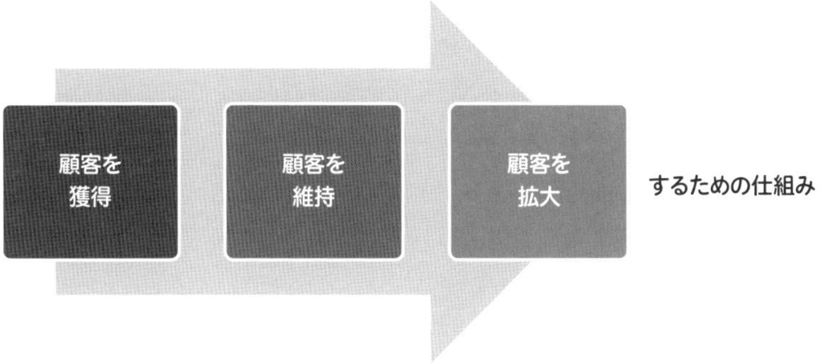

時間の経過とともに変化する関係性

顧客が望む関係や手段は、時系列とともに変化していきます。

例えば、店舗でスーツをオーダーメイドで買ったとします。半年後、同じスーツのスラックスだけリピートしたい場合に、もう一度店舗へ出向くのは面倒かもしれません。メールや電話で発注できるとしたら、気軽にリピートできるのではないでしょうか。

このように、**顧客との関係性は時間や信頼とともに変わっていく**ことが考えられます。またこうした優良顧客を囲い込む施策も検討していくことが求められます。

ただし、仮説・検証のためのビジネスモデル・キャンバスは期間を長く捉えるのではなく、まずは打つべき直近の戦略にフォーカスすることが重要です。

POINT 「チャネル」と「顧客との関係」の違いは？

キャンバスの検討や記載に不慣れな場合､「チャネル」と「顧客との関係」の違いがわかりづらかったり、切り分けが難しかったりします。

その場合、価値を届ける顧客とのタッチポイント、つまり媒体や物理的な場所などを「チャネル」と考え、そのソフト的な要素やそこに至る手段の特徴を「顧客との関係」に書くと整理しやすくなります。

さらに STEP UP! 顧客の定着を目指す

「チャネル」と「顧客との関係」は共に、STEP 3 で言及した 5 つのフェーズのマーケティングプロセスを視野に入れて検討します。これは企業が価値提案を伝え、販売・提供した後に、顧客が満足していることを確認し、さらなるベネフィットを提案するためのフォローアップを行うプロセスとしても考えることができます。

チャネルとは、企業が ①認知を向上し、②評価してもらい、③購入できるようにし、④提供するためのタッチポイントであることは先にも説明しました。この 4 つのステップで潜在顧客を惹きつけ、顧客へとコンバージョンしていきます。

一方、**顧客との関係**では、候補者が顧客へと転換した後に発生する関係性に着目します。5 つのフェーズのマーケティングプロセスのうち、最終フェーズであるこの段階では、企業は販売後のサポートを提供し、顧客に別の価値提案という形で追加のベネフィットを提供することも可能です。**顧客との関係を強化**することで優良顧客として定着させることがゴールです。

CASE STUDY 顧客を囲い込む施策を考えてみよう

顧客との関係を強化する施策を身近な例で考えてみましょう。あるケーキ屋では、陶器のカップに入ったプリンを購入した客が、カップを 5 つためて持参すると 1 つ無料で提供してもらえます。これは、リピート客のロイヤリティを向上させ、さらなる来店を促す二重の効果を狙ったものです。マイレージサービスやポイントなども同様で、継続的に顧客を囲い込む施策例です。どんな製品やサービスでもいいので、顧客の囲い込みの方法をいくつか考えて挙げてみましょう。

STEP 5

対価や課金を含めた収入の流れ(Revenue Streams)

収入の流れとは、顧客に製品やサービスを提供した対価として受け取るものを指します。また、顧客が望む適切な課金方法も考慮することが必要です。

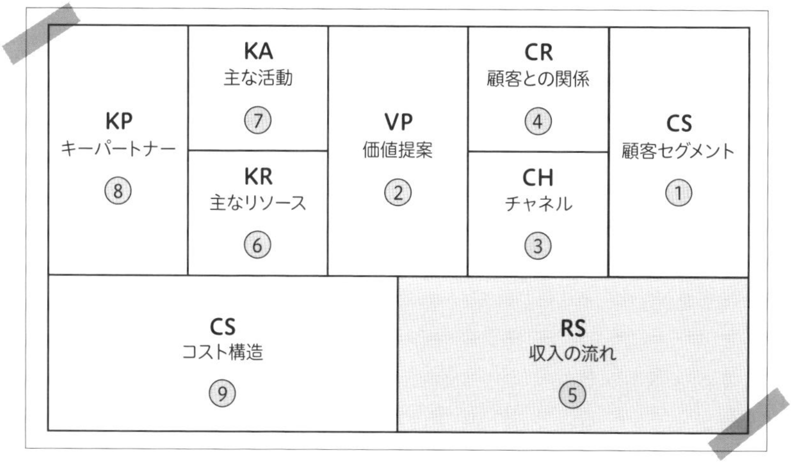

収入の流れ(Revenue Streams)のブロックでは、顧客がどんな価値にお金を支払ってくれるのか、どのような課金バリエーションが効果的かを考えていきます。

キャンバスを俯瞰して見たとき、収入からコストを差し引くと利益になり、組織の収益性が確保されているかどうかを把握することができます。

顧客セグメントによって価格のメカニズムは異なり、固定価格、安売り、オークション、市場価格、ボリュームディスカウントなどが考えられます。

ビジネスモデルの成否は、実際には市場で運用して検証した後に**収入とコストの収支**によって判断します。

「誰からナニ代」が得られるのか？

キャンバスに詳細を記述できなくても、どのようなお金の流れがあるのか着目します。

もちろん、具体的な金額は、きちんとしたバランスシートなどで検証する必要がありますが、おおまかでもキャンバスに金額を書くことができれば、ビジネスモデルはわかりやすくなります。

「誰からナニ代」としていただくのか。年間契約なのか、月額課金なのか。具体的な顧客単価や月額収入などの定量的なデータも、できるだけ書くと良いでしょう。

また、どのような**課金方法や課金メニュー**があるのか、できるだけ具体的に検討することが重要となります。例えばプリペイドカードは、商品を購入する前に集金するため、有利な課金方法の１つとなります。

課金方法によっては、ビジネスの立ち上がりにおいて差別化できる要因になるかもしれません。サービス志向型のビジネスを検討するうえで、サブスクリプションや従量課金など課金のバリエーションは特に重要な観点となります。

サブスクリプションや従量課金などは、**継続的な課金方法**なので、より強固な収益基盤を構築する手助けとなります。できるだけ継続的に収入を得られるように、商品を売って代金を受け取るだけではない、ほかの課金モデルとの組み合わせを検討してみましょう。

POINT あらゆる課金のバリエーションを検討する

課金の種類には、これまで挙げたもの以外にも、リース／レンタル、購読料、仲介手数料、従量課金、広告料、紹介手数料など様々なバリエーションが考えられます。複数の課金方法が想定される場合は、すべての可能性を検討しておきましょう。

STEP 6 ビジネスモデルの実現に必要な主なリソース (Key Resources)

ここでは、ビジネスモデルの実現に必要な担保すべき資産を記述します。属人的なものをいかに資産化していくか、ビジネスを差別化する要因にもなります。

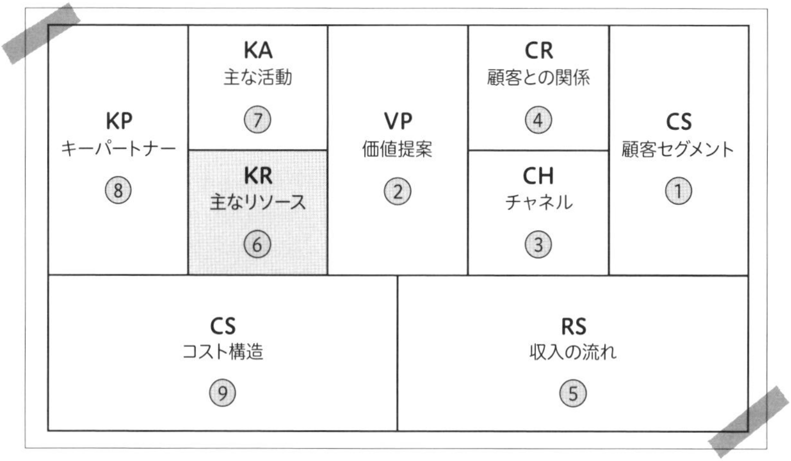

どのようなビジネスモデルでも、リソースはとても重要です。リソースがなければ、企業は価値を生み出すことも、マーケットにリーチし、顧客との関係を維持することも、そして収益を上げることもできないからです。

主なリソース（Key Resources）では､その中でも特徴的なものにフォーカスして記載していきます。物理的なモノ以外に、ヒト、カネ、知的財産など様々なものがあります。

[図1-7] このビジネスモデルならではの主なリソースにフォーカス

価値提案を生み出す源泉に注目

同じ製造業でも安く良質な製品が売りの場合は、効率的な量産体制や製造ラインが重要ですし、一方で、デザイン性などで差別化を図っている企業では、優れたデザイナーなどの人的リソースが重要かもしれません。自社の強みや顧客が望む価値提案を生み出す源泉となるものに注目してみましょう。

また、**ブランド**も重要なリソース（知財）となりますが、ブランドというのは自分たちが評価するものではなく、企業や製品・サービスのイメージが一般的に認識され、それを通じて顧客の信頼を得られた場合のみ担保できるものです。

経験やノウハウを資産にする

蓄積された経験や実績などをノウハウやデータとして資産化することも重要です。経験やノウハウはとかく特定の人に依存しやすい傾向にあります。こうした属人的なものを排除し、リソースとして担保できれば、継続的で安定したサービスを提供しやすくなります。企業や組織の資産として継承するには、マニュアルやデータベースを作ってシステム化することなどが考えられます。

価値提案を生み出す源泉であるリソースの拡充は、企業や組織にとって大きな強みとなります。また、同業他社や類似製品・サービスとの差別化ポイントにもなります。

STEP 7

価値提供に必要とされる主な活動（Key Activities）

主な活動とは、ビジネスモデルが機能するために企業や組織が取り組むべき重要な活動です。顧客への価値を生み出し、リソースを担保するためにも必要です。

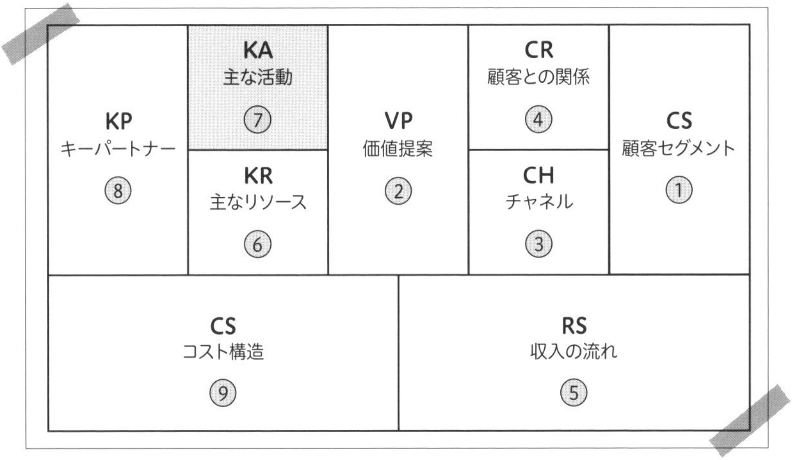

主な活動（Key Activities）のブロックでは、顧客が望む価値を提供する源泉となるような重要な活動、また経営を成功させるために必ず実行しなければならない重要なアクションにフォーカスしていきます。

リソースのブロックと同様に、価値提案を作り、マーケットへリーチし、顧客との関係を維持して、収益を上げるために欠かせない活動を挙げていきます。顧客の望む価値が変われば、新たな価値を提供するための新しい活動を増やす必要が生じます。

具体的なアクションプランへ

新規ビジネスでは、リソースの不足を補うため多岐にわたる活動を検討しなければいけません。ブランドを醸成するためには、まずは認知を高める施策を行い、認知されてきたらより良い印象を持ってもらう、維持するといった、さらなる施策が必要になっていきます。

また、**立ち上げ時や転換期のビジネス**では、市場環境や競合の動向によって**軌道修正**するための活動も加味していくことが必要です。

特定の人に依存しがちな製品やサービスであれば、マニュアルやデータベースなどのシステム化も重要であると、主なリソースのブロックで説明しました。システム化する場合には、この主な活動のブロックに必要な作業を列挙していきます。資産化するための重要な活動を見出しましょう。

何を書いたらいいか迷ったら、価値提案の差別化の最も重要な要因となる、**自分たちならでは**のこだわりの活動にフォーカスしてみるとわかりやすくなります。

また、主な活動はキャンバスのほかのブロックに比べ、抽象的ではなく、より**具体的な記載**にすることをお勧めします。具体的な活動を列挙しておくことで、現場ですぐにアクションプランとして実行に移すことが可能になります。

POINT　唯一能動的に仕掛けられるブロック

ビジネスモデル・キャンバスの９つのブロックの中で、唯一、自分たちから能動的に仕掛けることができるのが、主な活動のブロックです。例えば、リソースで欲しい人材がいなければ「採用や教育で確保する」、ブランドが構築できていなければ「適切な広報・宣伝」をする、というように「〜する」という動詞の形で必要となる活動を考えていきましょう。

STEP 8

自分たちを助けてくれるキーパートナー（Key Partners）

キーパートナーは、自分たちを助けてくれるパートナーやサプライヤーです。なるべく、代替の利かないパートナーやサプライヤーから検討してみましょう。

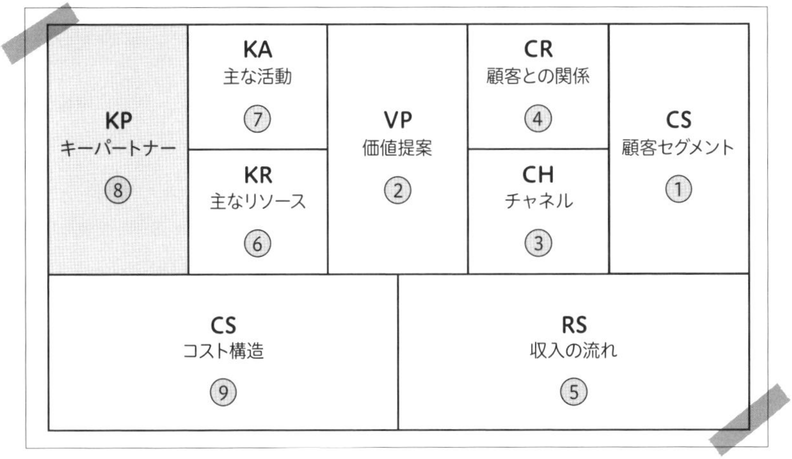

一般的に、1つの企業がすべてのリソースを所有し、すべての活動を行うのは、合理的ではありません。企業はビジネスモデルを最適化し、リスクを減らし、足りないリソースを得るためにアライアンス（パートナーシップ）を組みます。**キーパートナー（Key Partners）**のブロックでは、そうした相手を挙げていきます。

キーパートナーが提供するリソースや活動は？

外部に委託（アウトソース）する活動や外部から調達するリソースを考えてみましょう。例えば、コストを下げるためにアウトソーシングしたりインフラを共有したりすることはよくあります。
　また、ある特定分野では競合他社と戦略的アライアンスを組むことは、珍しいことではありません。このような、市場におけるリスク低減のためのパートナーシップも考えられます。さらに、自分たちに**不足するリソースや知識を補ってくれる**パートナーシップも多く存在します。

［図 1-8］ 組織の活動にとって重要なパートナー

　例えば、パソコンメーカーや携帯電話メーカーは、OS を社内で開発するのではなく、ライセンス供与してもらいます。
　また、日本のソフトウェアベンダーの多くは、間接販売を取り入れているので、販売代理店は収入を得るうえで欠かすことのできないパートナーということになります。
　パートナーというのは、代替の利かない重要な存在であるだけに、私たちのビジネスリスクにもなり得ることが十分に考えられます。
　自分たちのリソースがキーパートナーの支援なしでも保障できるかを見極めて、キーパートナーに入れるべきか外すべきかを検討する必要があります。

POINT　固有名詞で書く

　このブロックは、なるべく固有名詞で書くことをお勧めします。
　業界トップと組むのか、2 番手 3 番手との施策のほうが功を奏するのか、また、想定していたパートナーとのビジネスが成立しなかった場合にどのパートナーと組むのか、戦略を考えるうえでとても重要です。

STEP 9

負荷の大きさを検証するコスト構造（Cost Structure）

コスト構造とは、主なリソースの入手、主な活動の実施、キーパートナーとの提携などで発生する費用を指します。このビジネスモデル特有のコストにフォーカスします。

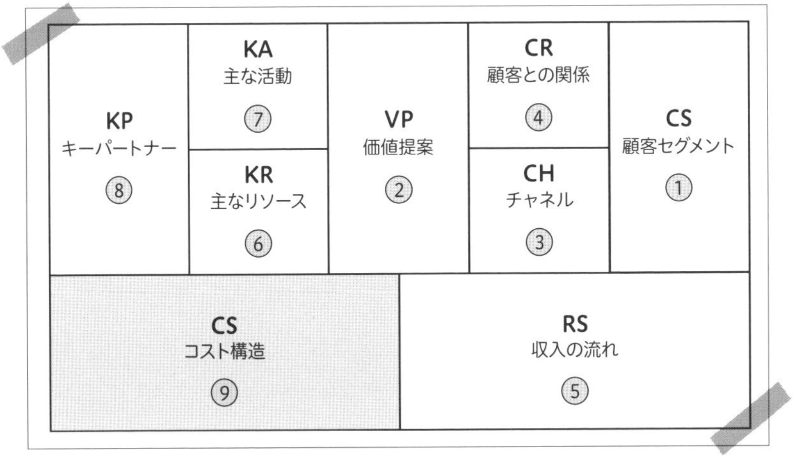

コスト構造（Cost Structure）のブロックは、ビジネスを運営するうえで発生する主要なコストから記載していきます。

主な活動、主なリソース、キーパートナーなどを定義してから計上していくとわかりやすくなります。どのコストが大きな負荷となっているかを明確にし、共有することを目的とします。

また、コスト構造の変化がほかのブロックに影響するため、全体の収支を検証することができます。

一方、キャンバス全体の要素の変更もコストに影響を及ぼします。ビジネスモデルによっては、コストを抑えるなどの理由でキャンバスのほかのブロックを変更することが必要なケースもあります。

通常はコストに基づいて価格を導き出すのはNG

しかし、受託型のビジネスやプロジェクト以外では、**コストを前提にした**ビジネスモデルや価格設定（プライシング）は、適切ではありません。

市場や顧客から見て納得感がある価格設定や課金方法に準じて、コストの最適化を行うことが求められます。

このブロックでは、変動の大きなコストや金額的に負荷の高いコストを優先的に書き出し、収支金額を検証しながら進めます。

POINT　検討するコストの分類

コスト構造のブロックを書く際はまず、開発費や仕入れなどすぐに思いつくコストを計上してみましょう。次に事業全体において、どのようなコストが必要か下記のようなコストの分類をもとにチェックしてみると見逃しが少なくなります。

- 固定費：給料、リース料、賃貸料
- 変動費：製品やサービスコスト、パートやアルバイト料
- 資金以外：減価償却費・営業権（のれん代）、外部効果

CHAPTER 1のまとめ

CHAPTER 1では、ビジネスモデル・キャンバスの**9つのビルディングブロック**の意味や記載内容をおおまかに理解することを目的としています。

上手に使いこなせるようになるには、何度か書いてみて慣れることが必要です。

細かいところや、正確に記述することにこだわりすぎるよりも、**全体像や論理性を簡潔に示す**ことを意識しましょう。

1回で完成させるのではなく、1st キャンバス、2nd キャンバス、3rd キャンバスと**アップデート**することで、**最新の戦略に修正**していきましょう。

一度納得感のあるキャンバスが完成してもそれに執着せずに、市場や顧客の変化を柔軟に受け入れ、**時々見直し**をすることをお勧めします。

はじめにビジネスモデル・キャンバスを検討する際、下記の7つの視点に基づいて考えるといいでしょう。

はじめにビジネスモデル・キャンバスを検討する際の7つの視点

①時間をかけすぎない
②打ち手（可能性）をたくさん持つ
③段階的に考える
④まずい点が見つかったら、その考えをいったん捨てる
⑤俯瞰的視点や関係性を意識する
⑥固執しすぎない
⑦1人だけで考えずに、なるべく複数の人と共有する

ブロックの概要を確認したい場合は、次のページのサマリーを参照してください。

［図1-9］9つのブロックのサマリー

① CS

顧客セグメント

組織の存在理由の根幹となる要素。組織がかかわろうとする顧客グループを定義します。

② VP

価値提案

製品やサービスを通じて提供する、顧客の抱えている課題を解決してニーズを満たす価値を定義します。

③ CH

チャネル

顧客セグメントとどのようにコミュニケーションし、価値を届けるかを記載します。

④ CR

顧客との関係

組織が特定の顧客セグメントに対してどのようなかかわり方を持つかを記載します。

⑤ RS

収入の流れ

組織が顧客セグメントから生み出す収入の流れを記載します（非営利団体や無料サービスの場合、ゼロやマイナスで表される場合もあります）。

⑥ KR

主なリソース

ビジネスモデルの実行に必要な資産を記述。物理的資産だけでなく、知的財産や人的リソースなども含まれます。

⑦ KA

主な活動

顧客に価値を提供する源泉となるような重要な活動を記載します。

⑧ KP

キーパートナー

自分たちを助けてくれるパートナーやサプライヤーを記述。組織の活動にとって、代替の利かない重要なパートナーから検討します。

⑨ CS

コスト構造

ビジネスを運営するうえで、特に必要なコストを記述。「このビジネス特有の最も重要なコスト」に注目します。

CHAPTER 2

ビジネスモデルの構築

OVERVIEW

ビジネスモデル構築のポイントと準備すべきもの

ビジネスモデル・キャンバスを一通り理解できたら、いよいよビジネスモデルの構築方法をご紹介していきます。まずは、成功のポイントと準備すべきものを紹介します。

実際の現場で新規事業にかかわる場合、全体の段取りを考えるうえで重要なポイントがあります。途中でうやむやになるプロジェクトや頓挫してしまうビジネスは、こうした観点が不足していることが多いのが実情です。

ここでは、新規のビジネスモデルの構築を効率的に進めるためのポイントを確認していきます。

新規事業を成功させるためのポイント

①明確な目的を共有する

新規ビジネスでは、**最初に掲げるプロジェクトゴール**が重要です。企業活動では、たくさん売ることが目的のように考えがちですが、目的によって施策や方法論が異なります。例えば、次のようなケースです。

- 収益が上がることがゴール
- 仮に薄利でも、まずシェアを伸ばすことがゴール
- タイミングを逃さず、いち早く市場に参入することがゴール
- 顧客は少ないが、特定（ニッチ）市場で確実に売れることがゴール

まず、**最初のゴールを端的に明確に**し、**メンバーの理解**を得ることを目指しましょう。

②進め方をオープンにする

複数の部署やメンバーがかかわるプロジェクトでは、過程や状況に応じて、メンバーの増減や入れ替わりが発生します。そこで、これから**どのようなプロセス**をたどり、目的を実現するための**施策をどう実行していくのか**をオープンにし、共有していくことが重要です。

さらに、**時間的な制約**などもあらかじめ確認しておくことで、進むべき方向にメンバーの意識を集中させることができます。

③必要なリソースを確保する

新しいことに取り組む際、変革を進める際に最も苦慮するのは、メンバーの選定です。誰と一緒に進めるのか、**成功のために必要なメンバー**をいかに確保するかなどは、プロジェクトの成否の大きな要因になります。

また、**「売れる仕組み」**を作るために必要なリソースの過不足を明らかにし、無理にすべてを内部でまかなおうとするのではなく、外部の専門家にサポートを頼むなど、積極的に**外部の力を使う**というのも１つの手です。

④最適なツールを利用し、作業を効率化する

ビジネスの理解や分析に必要なツールだけでなく、目的を実行するための環境を整備するための情報システムやネットワーク、また人的なリレーションに至るまで、**「使えるツール」**を棚卸ししておきましょう。

本書では、ビジネスモデル・キャンバスを主なツールとして活用していきます。これは作業の迅速化、特定の人材やその経験値に依存しないための可視化など、効率化の実現に非常に役立ちます。しかし、最も重要なのは、**自分たちで考えて検証**するプロセスの癖をつけることです。ですから、ツールの使いこなしに注力するのではなく、現場でヒアリングし、市場で検証を行うプロセスに多くの稼働時間をかけるほうが大きな成果を上げられることは言うまでもありません。

準備しておきたいもの

はじめにビジネスモデル・キャンバスを書く場合は、できるだけ大きな**紙**や**付箋紙**を使って、アナログで検討することをお勧めします。これはあくまで経験上の実感ですが、電子ファイルで作成するとどうしても固定概念から抜け出せなかったり、自分だけの思いを描いてしまったりすることが多くなります。

見逃しを防ぎ、自分だけでは気づけない視点を見つけるためには、なるべく**複数のメンバー**で臨みましょう。そして、書き直しや貼り替えがしやすい模造紙と付箋紙を準備します。思考の柔軟性を高めたり、簡単に手直ししたりできる方法で検討するほうが良い内容になることが多いと思います。

また、必要なメンバーには割り込みの入りにくい状況で、数時間単位で時間を確保してもらうなど、じっくり検討に没頭できる環境を準備しておくことも忘れないでください。

ビジネスモデル・キャンバスの検討風景

［図 2-1］標準的な備品リスト（例）

項目	詳細
ホワイトボード	**1台**
	検討人数が多い場合は、できるだけ多く用意すると議論しやすくなります
模造紙	**サイズ：788mm × 1091mm**
	ビジネスモデル・キャンバスだけでなく、共感マップや VP キャンバスでも使用します
プロジェクターかモニター	**各1台**
	資料などを投映する場合
付箋紙	**サイズ：75mm × 127mm**
	数色用意しておきます
	サイズ：75mm × 25mm
	共感マップや VP キャンバスなどに使用します
サインペン	**水性のサインペン1人1本**
	太字のペンもあれば、フレームを書くのに便利です
マグネットや養生テープ等	模造紙をホワイトボードに貼ったり、壁面で俯瞰して検討したりする際に使用します
コピー用紙	**A3**
	顧客ペルソナ作りなどに使用します
スマホ・デジカメ	アナログで作成したものを記録用に撮影しておくと便利です
その他	逐次情報収集や検索ができる**ネットワーク環境とデバイス**
	長丁場になる場合は、リフレッシュのための**飲料や軽食**

STEP 1 アイデアを発散させ1st キャンバスを作成する

はじめに、たたき台となる1st キャンバスを作成します。1st キャンバスは、ビジネス全体のイメージを素早く共有してから検討を進めていきます。

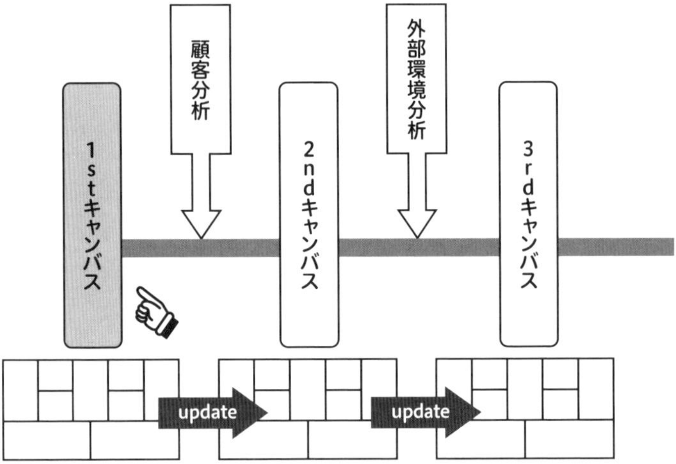

ビジネスモデルをデザインするには、キャンバスをたくさん書く練習をするのが一番です。頭の中の考えを整理するうえでも、簡単で構わないのでまずは**ドラフト(たたき台)**として1st キャンバスを作成してみましょう。

はじめは、いろいろなアイデアを発散させることも必要です。シンプルにざっくり書いても良いですし、可能性のあるものをたくさん書き出してごちゃごちゃしてしまっても構いません。工程を重ねるうちに少しずつ精度が上がり、洗練されたキャンバスにアップデートされます。

テーマの整理と共有

ここからは、事例をもとに実際の検討の流れを紹介していきます。以下のサンプルテーマをもとに、ビジネスモデルを検討していきましょう。

- **気象データ（天候や大気の温度や湿度など）を取得できるセンサーが開発できる（あるいは持っている）と仮定します。**

- **ゴールは、「今後の拡充方針を見極めるために、ひとまず可能な限り早期にビジネスを立ち上げる」こととします。**

①顧客セグメントの洗い出しと整理

はじめは、可能性のありそうな顧客の候補をどんどん書き出していきましょう。ここでは、まだ適切かどうかの吟味はしなくて構いません。いろいろなケースを想定して様々な顧客のイメージを膨らませてみます。

図 2-2 の顧客セグメントのブロックを参照しながら、書き出した内容を次の手順で整理してみましょう。

1. 表現やバリエーションが違うだけで動機は同じ、という顧客を**グルーピング**してまとめておきます（付箋紙を使っている場合は、近くに置きながら議論するとスムーズにグルーピングできます）。

2. グルーピングができたら、グループごとに**番号**をつけておきます（グルーピングに自信がない場合は、まとめずに個々に番号をつけます。後でまとめ直して整理しましょう）。

3. グループごとにおおまかなカテゴリ分けができていることを確認します。例えば、**「お困りごと」や課題、ニーズ、属性**の特徴などビジネスによっても異なります。

[図 2-2] 誰がセンサーを利用するか

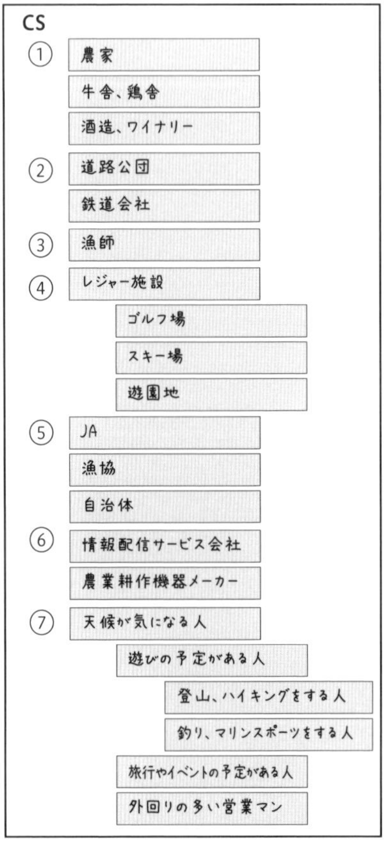

4. **顧客（購入者や決定者）**と**エンドユーザ（利用者、サービス享受者）**の違いもありそうだと思ったら、メンバーと議論しながらグルーピングに反映しておきます。

5. グルーピングのほかに、**階層化**（上下関係）でくくれるものは階層を意識してまとめます。例えば、図 2-2 の④のように、「レジャー施設」という階層の下に、そのバリエーションとして「ゴルフ場」や「スキー場」などの階層を設けるなどです。

POINT　類似したビジネスも参考に

顧客のイメージが膨らみにくい場合は、類似のビジネスやほかのサービスの導入事例などを参考に、発想になかった分野への適用や顧客のバリエーションについてアイデアを発散させてみます。また、まとめにくい場合は、ニーズ別の顧客のバリエーションを記載します。自分の経験や周囲の意見から「顧客の典型的なイメージ」としてパターン化していきます。

②顧客の立場で、価値提案を仮説

ビジネスのスペックやメニューが明確でないフェーズでは、顧客が望む価値提案について仮説を立てながら検討していきましょう。顧客ごとの違いにも注目していきます。

［図 2-3］センサーの利用者にどんな価値を提案できるか

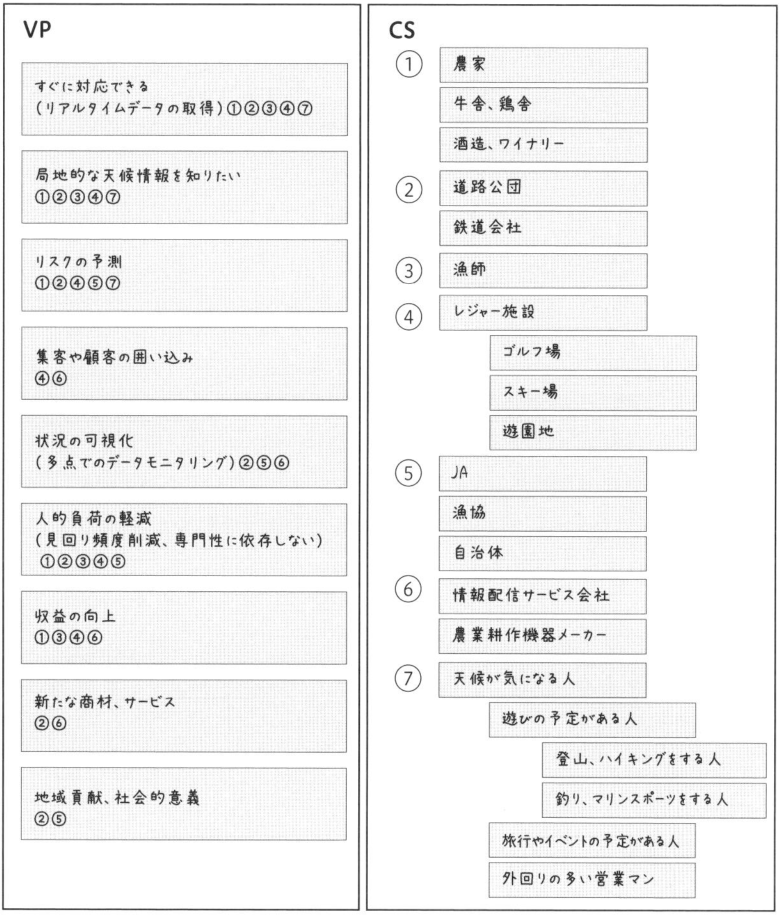

検討する際、下記の点に留意しましょう。

- 価値提案の各要素に顧客セグメントの番号を記載しておくことで、顧客セグメントと関連付けられているか、そして漏れなどがないかチェックバックをしておきます。

- 自分たちの強みを顧客の課題の解決に生かせないか、しっかり議論します。

- あまりスペック（メニューや機能）に寄りすぎずに、顧客が何を解決したいかにも注目します。ただし、抽象的になりすぎる場合は機能が混在しても構いません（単純に、「安い」、「早い」などではなく、自分たちが選ばれるための優位性や差別化になる点に注目しましょう）。

POINT 行き詰まったときの4つの視点

提供側の視点が強すぎるプロダクトアウト（落としどころや提供サービスありき）の価値提案にならないよう、顧客の課題意識や「お困りごと」の解決につなげることを意識しましょう。

他社との差別化が思いつかない場合は、例えば次の4つの視点で考えることで固定概念を払拭してみましょう。

1. 省く、なくす：既存の製品やサービスに備わっている機能や要素で省けるものは何か？

2. 減らす：業界標準よりサイズを小さくしたり量を減らしたりしてみたらどうか？

3. 追加する：今まで提供されていなかった機能や要素をつけ加えたらどうか？

4. 増やす：業界標準よりも圧倒的にサイズを大きくしたり量を増やしたりしてみたらどうか？

③ターゲット顧客を絞り込む

CHAPTER 1 でもご紹介しましたが、事業開発において、より強固なビジネスモデルにするためには顧客セグメントの絞り込みが大切です。ここでも、今狙いたい顧客の**優先度**に注目します。

1st キャンバスでは、検討中の顧客のどれにフォーカスしても、それぞれ違ったビジネスの可能性があります。また、すべての顧客を対象にしたビジネスも成立するかもしれません。しかし、前述のように**スピードを重視**する昨今の市場では、差別化戦略を打ち出すためにも、常に**"今"狙うべき顧客のターゲットの見極め**を行うことが重要です。

ここでは、前述の気象情報サービスのサンプルテーマで挙げた顧客セグメントと価値提案の例から、優先度の考え方を優先度マップで整理する方法をご紹介します。

図 2-4 のように、優先度が視覚的にわかりやすくなるように整理していきます。想定した顧客セグメントに対する価値提案の中でも、特徴的なものを記載していきます。

次のような条件を考慮しておくと一定の目安になります。

- **当該分野の市場が伸長市場である**
  (ここでの伸長市場とは、課題を抱える顧客が増加すると予測できる市場)

- **なるべく顧客の具体的なイメージを想定できる**
  (どの顧客の理解も不十分な場合は、平行してリサーチやヒアリングで情報を補完します)

[図 2-4] 顧客の優先度マップ

優先度	顧客セグメント	価値提案
高 1	天候に左右される対象物を育成する農家、牛舎・鶏舎、酒造、ワイナリー	・見回り頻度を減らすことができる ・多拠点のモニタリングができる ・最適環境をすぐに整えられる
2	人的負荷を軽減したい鉄道会社・道路公団	・車両内の空調を自動で一元管理できる(屋内) ・急な天候変化を把握し、豪雨・土砂災害などの被害を最小化できる(屋外)
3	顧客を囲い込みたい情報配信サービス会社	・新しいサービス(精度の高い天候情報)を提供できる ・収益源となる
4		
低 5		

ここでは、優先度の高い顧客セグメントを仮に「農家」と想定しておきます。旅行を予定している人や登山をしたい人など、実際に天候に興味のあるコンシューマユーザにも、ニーズと関心度はあります。ただ、コンシューマ向けのビジネスの経験がないため、アプローチが難しいと判断し、逆に情報配信サービス会社の優先度を上げた考え方になっています。また、スキー場などは季節的に繁忙期と閑散期の需要の差が大きいと考え、優先度を落としています。

POINT　ざっくりしたまとめで違いを明確に

ここでは、典型的なニーズの違いや動機の背景を見極めるために整理するので、共通する観点は少し割愛して、異なる価値提案をざっくりまとめておいたほうが、違いを明確にすることができます。

さらに STEP UP! 顧客の優先度のシナリオを複数挙げる

市場の俯瞰と優先度の調整

ターゲットの優先度については、戦略によって様々な捉え方があります。ここでは**優先度**を高く想定しなかった情報配信サービス会社は、気象情報に関するニーズが特に高いわけではありません。ただ、図 2-5 のように、その先にこうした情報を欲しいユーザがたくさん存在すれば、もちろん気象情報を取得して新たなサービスを展開したいというニーズが大きくなるでしょう。

［図 2-5］市場を俯瞰しエコシステムのように捉えることも

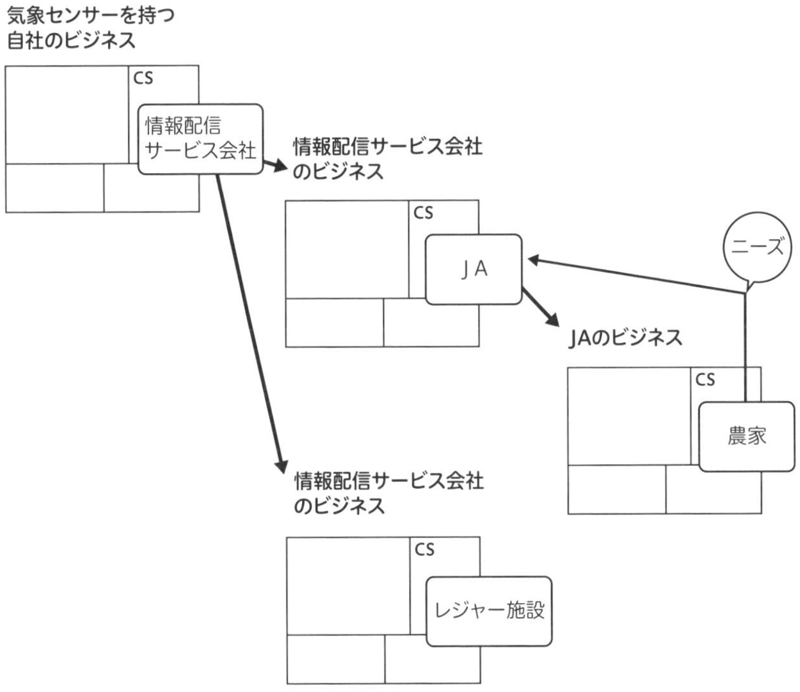

図 2-5 のように連携するビジネスモデルをいわゆる**エコシステム**（全体が関連・循環するように成り立つ仕組み）として捉え、市場全体がかかわりを持っているイメージでひも解いてみましょう。

それぞれのビジネス主体者によって顧客は変わりますが、最終的にはどんなビジネスでも同じ**コンシューマ市場の影響**をいやがおうでも受けることが理解できます。

特に市場環境やトレンドを意識する必要のある分野では、こうした市場動向の影響を加味することで、自分たちのビジネスをどのようなポジションに位置付けることが適切か、俯瞰的に把握する観点を養うことができます。

CASE STUDY

別の顧客セグメントを検討しよう

同じ気象情報サービスのサンプルテーマを使って、顧客セグメントの優先度が異なる、別のシナリオを検討してみましょう。

BtoB のモデルや BtoC のモデルなど、施策の違いなども意識して、論理的に説明できるような仮説になることを目指しましょう。

例えば、特に天候が気になりそうな一般の人々（コンシューマ）をターゲットにしたら？　あるいはここにはまだ出ていない顧客セグメントを入れてみても、おもしろい仮説ができるかもしれません。

STEP 2

最も典型的な人物像から顧客分析する

次のステップの顧客分析では、ターゲット顧客のイメージをさらに具体的にしていきます。最も典型的な人物像を通じて、顧客の課題意識の理解を深めることが目的です。

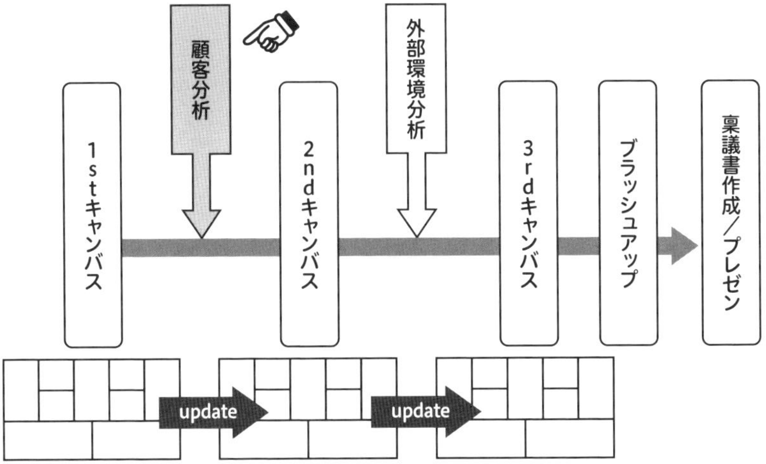

1st キャンバスで顧客の優先度を設定したら、ここからは一気に**ターゲット顧客の代表的な課題の深堀り**をしていきます。どんなに良い製品、どんなに優れた技術であっても、買ってくれる人がいなくては意味がありません。「1 人に売れないものは 10 人に売れず、10 人に売れないものは、100 人に売れない」と言われています。著者は、このたった 1 人の最初のターゲット顧客を**「個客」**と呼んでいます。

ここでは、買う動機のある顧客の具体的な**人物像（ペルソナ）**とその**購買プロセス**を把握することが重要です。デザイン思考でも、具体的な顧客プロフィールをもとにストーリーを描くことを勧めています。気象情報サービスの最も優先度の高い顧客と設定した「農家」について、図 2-6 のようなペルソナを想定してみました。

［図 2-6］農家のペルソナ例

【氏名】	中田一夫
【年齢】	65歳
【住所】	茨城県
【家族構成】	妻、息子夫婦、孫（10歳、7歳）
【世帯年収】	1000万円
【趣味】	農業一筋
【背景】	高齢になるにつれ、見回りなどの頻度が高いと負担が大きくなっている。最近の天候不順で収入が不安定。安定した収穫を目指したい。また機会があればより商品価値の高い作物を増やしたい。

POINT 実際の企業名を入れてリアリティを出す

BtoB の場合は、商談先の担当者や決定権を持つ人など自分たちの商材を「最初に提案に行く相手」、あるいは「決定権のあるキーマン」を想定した典型的なペルソナをイメージしてみましょう。想定される企業名などが明らかな場合は、企業の組織図や企業情報、メディアに掲載された記事などを活用し、実際の部署名なども反映して検討するとリアリティのある議論ができます。また、分析によって仮説を立てた顧客像をより深めるためには、ヒアリングなどで得られた実際の声を反映しながら補正していきます。

顧客の立場に成り代わる

作成したプロフィールをもとに、１人のお客様の考えや導線のイメージに基づいてディスカッションしていきます。

ここでは、「個客」の気持ちを理解するため、**「共感マップ」**というツールを用いて整理します。共感マップは、１人の顧客に成り代わって、検討するためのツールです。顧客の頭の中の関心や周囲から言われていること、見聞きしていることや普段話していることなどを挙げていきます。

「顧客志向」とか「顧客の立場にたって考えろ」などはよく聞くうたい文句ですが、実際に具体的に顧客の気持ちに同化するのはそう簡単ではありません。コツは、顧客に**乗り移ったつもり**で、その人だったらどういうことを思うのかを考えて、納得感のあるストーリーをイメージしていくことです。

Pain と Gain を描く

一番肝心なことは、顧客の立場に成り代わった場合に感じる、顧客の**Pain（いやなこと、こうなったら困る、痛み）**と**Gain（うれしいこと、得られるもの）**をしっかり描くことです。

新たなサービスを模索する際、顧客の思考を幅広く網羅して**インサイト（潜在的なニーズ）**を探る手法もあります。ただ、アイデアが発散しすぎることを回避するためには、検討しているビジネスやサービス分野にかかわるデマンド（要求）に限定して、簡潔に整理してみましょう。

[図 2-7] 共感マップを活用した顧客インサイト分析の例

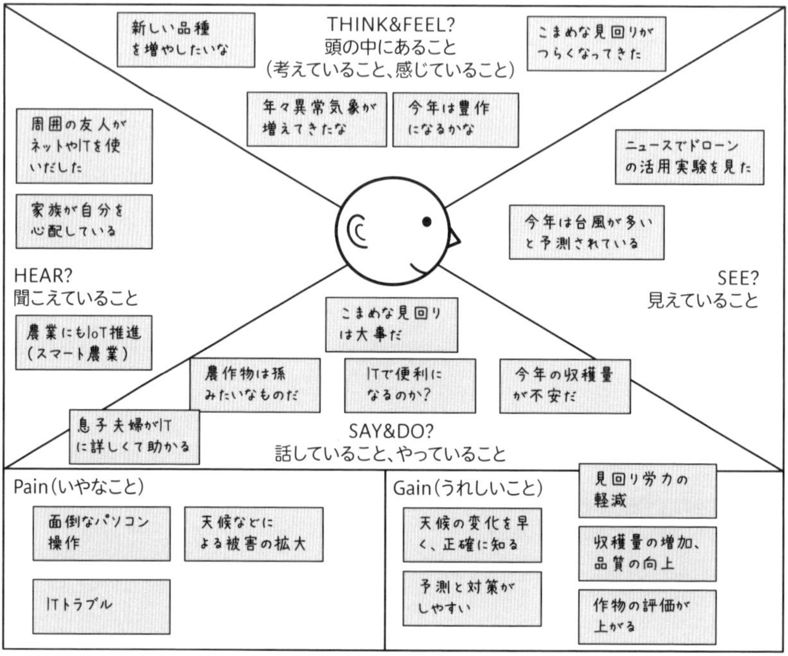

購買プロセスにも目を向ける

「顧客がどのように購入の決定に至るか」という購買プロセスが、Pain と Gain に大きな影響を与えます。

例えば、サービスの内容や価格に納得しているが、購入を一存で決定することができず、稟議で承認をもらうことが必要だとします。上司は、類似サービスの中で、価格や機能比較で評価する場合もあり、あるいは、価格は少しくらい高くてもいいから実績や信頼性を尋ねてくるかもしれません。

このような決定までのプロセスにおいて、製品やサービスの内容の拡充だけでなく、**決定の妨げとなる要件**を取り除くことで、効率よく購入を後押しすることができます。

VP キャンバスで顧客デマンドに即したサービスを検討する

共感マップで得られた Pain と Gain を踏まえ、いよいよ顧客デマンドに対応したサービス開発のために、VP（バリュープロポジション＝価値提案）キャンバスを活用します。

VP キャンバスでは、**左側に自分たちの製品やサービス**にかかわる内容を、**右側には顧客にかかわる内容**を挙げていきます。これにより、価値提案と顧客セグメントとの整合性を見極めるのに役立つだけでなく、製品化やサービス開発にあたり、やるべきことや強化すべき点が明確になります。

［図 2-8］VP キャンバス記載例

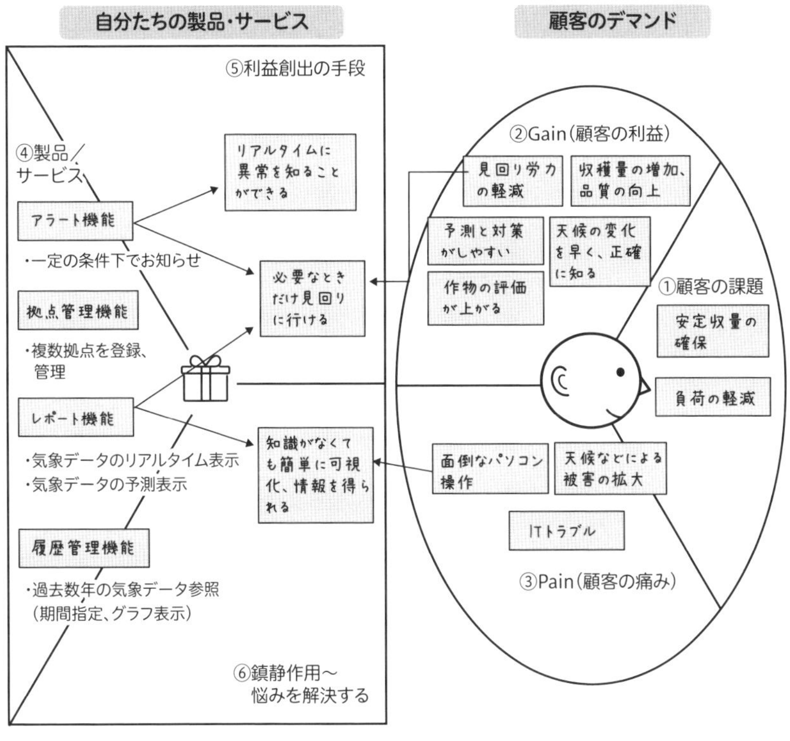

VP キャンバス記述の手順

VP キャンバスの①～⑥のエリアを次のように埋めていきます。

・右半分→顧客のデマンド

①顧客課題のエリアには、想定ターゲットの典型的な課題を挙げます。

②主に、共感マップの Gain で抽出した内容を VP キャンバスの Gain に、同じく Pain を VP キャンバスの Pain に転記します。

③共感マップを作成していない場合は、顧客の課題を達成するうえで、「こうだとうれしいと思うこと」や「顧客の利益になること」を Gain に書き込みます。
反対に、「こうなるのは困る」、「回避したい」と感じる要件を Pain に挙げます。

・左半分→自分たちの製品・サービス

④今度は、左側のエリアを埋めていきます。左端の製品／サービスのエリアには、提供価値を具体化する製品やサービス（あるいはその機能など）をすべてリストアップします。顧客の課題やニーズを満たすために、どのような製品やサービスを提供していくのか記述しましょう。

⑤顧客の Gain を増やせる手段などを記述します。自分たちの製品やサービスがどのように顧客の利益の創出や増大に寄与できるかを考えます。

⑥顧客の Pain を解決する、あるいは軽減させることを記述していきます。顧客の痛みをやわらげる鎮痛剤のようなイメージです。

整合性による整理

VP キャンバスの記載ができたら、全体を整理します。

特に左側の自分たちの製品やサービスの機能などは、ただ機能をてんこ盛りにしてもリアリティがありません。実装に見合う**最小限の機能**で、かつ**ターゲットの顧客のソリューション**に結びつくものから定義していきます。

実際には、製品やサービスの開発部門にも議論に加わってもらうことが重要です。欲張るよりも、**段階的に機能を拡充**することを考慮しながら補正しておきましょう。スモールスタートとスピード感も重視することを意識します。

また、共感マップや VP キャンバスは、一度作って終わるのではなく、潜在顧客の情報の追加やヒアリングによる反応などを踏まえて、**繰り返し**作成することもあります。

仮に現状、ビジネスが堅調な場合でも、次期戦略を検討する際には、ターゲットの理解を深めることが最も重要です。

こうして顧客分析が完了したら、次にキャンバスの修正を行っていきましょう。

POINT　実装する機能と顧客のデマンドを結びつける

自社の実装する製品やサービスのスペックと顧客の利益が合致しているか、線で結びながらチェックバックするとわかりやすくなります。また、顧客の利益や痛みと対応しない機能やメニューの実装は、オーバースペック、つまり今はまだいらない機能だったり、使わない機能だったりする可能性があります。

STEP 3 顧客分析に基づき 2nd キャンバスにアップデートする

顧客分析で顧客の本質的な課題やニーズが読み解けたら、もう一度キャンバスに戻って修正を行い、2nd キャンバスにアップデートしていきます。

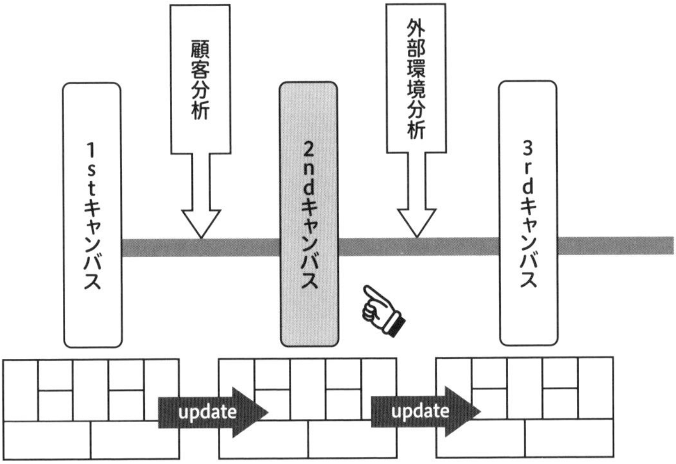

STEP 2 で作成した VP キャンバスは、ビジネスモデル・キャンバスの顧客セグメントと価値提案だけをクローズアップして分析するような構成になっています。顧客の真のデマンドを VP キャンバスで明らかにした後、2nd キャンバスとして元のキャンバスも修正し、アップデートします。これにより、常にビジネスモデル・キャンバスに**最新の情報が反映**され、ビジネスの変更要素が定点観測できる状態を作ることができます。

［図 2-9］VP とビジネスモデル・キャンバスの紐付け

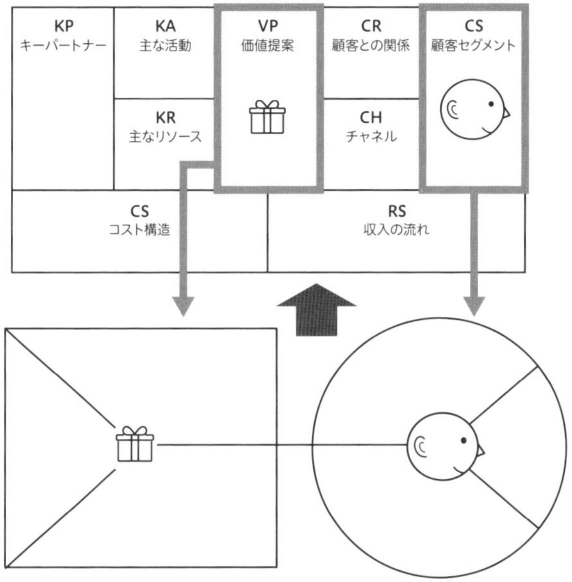

顧客の声を反映し、ビジネスモデルをアップデート

共感マップや VP キャンバスで顧客セグメントと価値提案の見直しを行ったことで、いくつかの仮説が考えられました。

それに伴い影響を受けるほかの要素を見直し、それに基づくキャンバスの修正を行う必要があります。サービスの機能変更に伴って、全体のビジネスモデルの整合性も再度検討していかなければいけません。

VP キャンバスで顧客デマンドを分析したことで、ターゲット顧客によりフォーカスしたビジネスモデル・キャンバスへとアップデートすることができます。

ここでの考え方は、ターゲット以外の顧客セグメントへのビジネスをまったく行わないという意味ではありません。

しかし、前述した通り、幅広い顧客をターゲットとする全方位型のビジネスは、時間がかかったり、開発の負荷が高かったりします。

そこで、特にスタートアップのビジネスにおいては、可能性の高いところや得意なところから始めて、早くビジネスを軌道に乗せたほうが効率的だと考えられます。

ただし、キャンバスでは優先セグメント以外の顧客も記載しておいても構いません。もし最初の仮説が予測と違ったり、別のセグメントの有効性が見られたりしたら、その段階で迅速にほかのセグメントでも検証を進めます。

アップデートの手順

では、実際にキャンバスをどのような観点と手順で修正していくかご紹介しましょう。

①絞った顧客セグメントに響く価値提案

2nd キャンバスへの修正の中で、最も重要なブロックは価値提案です。顧客ヒアリングや共感マップから得られた Pain、Gain の中で、現状最も響く価値提案はどのようなものかを改めて検討しながら見直しをかけます。1st キャンバスで出ていなかった要素があれば追記します。また、特に顧客の課題解決にクリティカルな要素があれば追記します。

なお、優先度の低い顧客セグメントにだけ対応する価値提案や、顧客分析の結果からほとんど関係ない（訴求が期待できない）と判断された要素は、下のほうに下げておくか、外してしまいましょう。変更点や注力すべき視点がわかりやすいように、シンプルな整理を目指しましょう。

②ターゲットに訴求しやすいチャネル

分析では、たった１人の“個客”のイメージで考えましたが、実際は１人のためのビジネスというわけではありません。そこで、この個客を手掛かりに**典型的な顧客のパターン**を想定し、リーチしやすく、より訴求効果の高いチャネルが考えられているか確認します。検証結果の特徴から効果的なチャネルがあれば追加します。

③顧客が望む関係

顧客との関係も、チャネルの変更などにより修正が必要であれば、修正や追記を行います。特に、リピート顧客としてつなぎとめるという観点からも考えます。

④収入は、単価だけでなく課金方法も

お金の流れとして配慮したいのは、単価や価格だけでなく、課金方法なども検討することです。例えば、トータルの金額は同じでも、初期投資を抑えたいのかランニングコストを抑えたいのかで、課金体系が異なります。また、定額制などビジネスとして継続性や安定性が上がる方法も、事業継続の観点では重要となります。

⑤新たな価値提案に必要なリソース

新たに加わった価値提案を提供していくには、どのようなリソースを確保しておくべきなのかを中心に見直します。

顧客に提供する価値やサービスの拡充などが影響し、現状のリソースでは不足が生じることが明らかになった場合、いったん必要と思われるリソースを書き出したうえで、主な活動で補完するか外部リソースの調達などで補完することも必要かもしれません。

最初はリソースとして担保されていないものでも、活動によって知財化したり、共有資産化したりすることも可能です。

⑥現時点で必要な活動をどんどん挙げる

主な活動のブロックは、唯一自分たちから仕掛けることのできる能動的な要素です。CHAPTER 1 では、リソースの過不足を活動で補えることをご紹介しました。例えば、ノウハウがない場合、マニュアルを作成し、教育を行うことで、ノウハウを持った人材を確保することができます。

さらに、この考え方は、特定の専門家をリソースに固定する必要がなくなるので、リソースの属人性を回避するための活動としても重要です。

⑦キーパートナーで補完

不足しているリソースに対し、社内のリソースや活動だけでは補えない場合に、キーパートナーを加えます。特にスピードを重視する場合、ノウハウを持った企業や技術供与を依頼するパートナーが必要になります。できるだけ実際の具体名を挙げておきます。

⑧新たにコストとして計上すべきもの

新たにコストとして見込む必要のある要素と金額をそのまま記載しておきましょう。もし正確な費用がわからない場合は、何の費用なのかだけでもいいので記載しておきます。

顧客分析のステップでは、顧客についてより深い理解を探るドリルダウン（掘り下げ）の視点でビジネスモデルの脆弱性を修正しました。一方、STEP 4 の外部環境分析では、俯瞰することを重視し、広範囲のリスク要因を確認していきます。

2nd キャンバスへの修正が完了したら、次に STEP 4 の外部環境分析へ進みましょう。

［図 2-10］キャンバス修正の概要

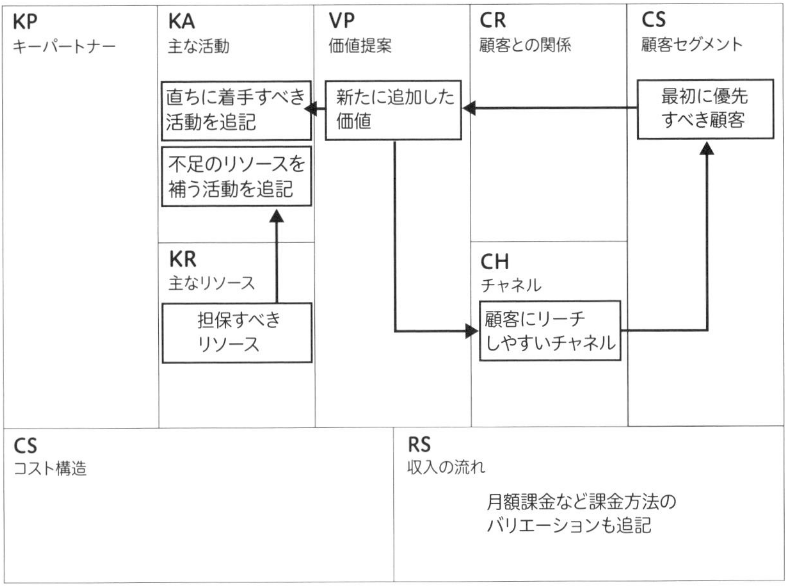

POINT ブロックの修正は必要な分だけで OK

2nd キャンバスへのアップデートは、価値提案を中心に影響が想定されるブロックから修正していきます。必ずしもすべての修正が必要とは限りません。必要な部分だけ、あるいは必要に応じて逐次変更を加えても構いません。

STEP 4

状況の変化や競合の動向を検討する外部環境分析

外部環境分析では、市場や競合など市場概況による脅威やリスク、脆弱性に対する対策を検討していきます。

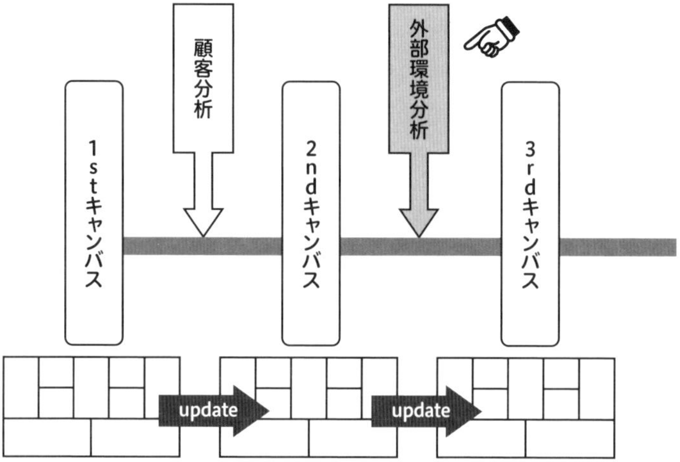

ここまでは、自分たちのビジネスと顧客デマンドに注目して、ビジネスモデルを構築してきました。

一般的に、デザイン思考で考える仮説・検証のビジネスデザインでは、ひとまず**直近のアプローチ（打ち手）**にフォーカスしていきます。そのため、例えば、1年先や3年先といった複数の将来像の仮説を混在させたり、**競合**など**外部環境の影響**をキャンバス内に直接反映するには、少しばかり工夫が必要です。

また、実際のビジネスの現場では、デザインするフェーズと実ビジネスを運用していくフェーズを並行して進めなければならないことがあります。

こうした状況では、次から次へと想定外の課題が持ち上がることもあります。そこで、**状況変化や外部環境の影響**にも目を向ける必要があります。

キャンバスは、作成することが目的ではなく、必要に応じて更新し、検証する**繰り返しのプロセス**が大切です。

ましてや、昨今我々は大きな環境の変化を余儀なくされ、ビジネスのあり方も大きな変換期を迎えていることを改めて痛感していると思います。いかにリスクに対する備えを考えておくべきか、いかに市場の変化を先読みするかも言うまでもなく重要なのです。

企業研修を行っていると、「外部環境などの影響は、どのようにキャンバスに反映するのか？」といった質問をよく受けます。

例えば、ビジネスモデルが自社だけで完結しておらず、主なパートナーに記載されている協業相手に変化が起こった場合、キャンバスは大きな影響を受け、変更を余儀なくされます。また、外部環境分析などで競合の状況などと照らし合わせた結果も、キャンバスに反映しなければなりません。

前述した VP キャンバスは、顧客セグメントや価値提案にフォーカスして、より詳細に分析します。一方で、外部環境はキャンバスで完結しない環境による影響を見ながら、全体にどう作用するか俯瞰していきます。

市場概況や競合との影響を読み解く

外部環境分析のための手法も様々ですが、最も身近なツールの 1 つである SWOT 分析を活用した方法をご紹介してみましょう。

SWOT 分析は、最新のツールではないため、昨今のビジネスモデルを検討するには不十分かもしれません。しかし、キャンバスと組み合わせて活用すれば、分析しやすく、共通の議論が進めやすいツールであり、とても有効です。

クロス SWOT を活用してシナリオを整理する

ここでは、クロス SWOT を用いた検討手順をご紹介していきましょう。まずは一般的な SWOT と同様に、自分たちの強みや弱み、市場における機会や逆に脅威になることなどを列挙していきます。

さらに、SWOT で得られた 4 つの項目のそれぞれ重なり合うエリアに、今後とるべき戦略・シナリオを追記していきます。

［図 2-11］クロス SWOT フォーマット

（サービス名）	Opportunity ③機会	Threat ④脅威
Strength ①強み	①×③積極的攻勢 （事業機会を拡大するには？）	①×④差別化戦略 （何に絞り込むか？）
Weakness ②弱み	②×③段階的施策 （取りこぼしを防ぐには？）	②×④専守防衛or撤退 （最悪の事態を回避するには？）

シナリオを検討する

①×③は、自社の強みと市場の追い風が交差する中でとるべき戦略を考えます。積極的に攻勢をかけるための戦略、余裕のあるうちに仕掛ける投資モードの施策などを主に検討していきます。

②×③は、自社の弱みはあるが、市場の成長などが見込めるため、市場の成長後に取りこぼしが回避できるように、小さく進める施策や段階的な取り組みを検討します。人材育成や技術移転など時間を要する施策などを検討しておきます。

①×④は、現状では優位性があるものの、将来的な市場の脅威を想定した集中化戦略です。自分たちの強みを発揮できる分野や特定市場にフォーカスするなど、絞り込みの戦略を検討します。

②×④は、自社の弱みが明確で、かつ市場的にも脅威が予測されるため、

最悪のシナリオを回避するリスク対策を想定します。

図 2-12 には、気象情報サービスについてクロス SWOT 分析をまとめてみました。

[図 2-12] 気象情報サービスのシナリオの検討例

気象情報サービス	③Opportunity(機会) O1 国や自治体のIoT推進(スマート農業)・助成事業が活性化 O2 気象データを活用した適期作業や適地適作への関心度向上	④Threat(脅威) T1 無料配布されている気象データ(競合)がさらに増える T2 IoT事業の注目度向上による市場競争激化
①Strength(強み) S1 センサー開発技術 S2 気象データの知見 S3 センサー機器は自社開発できる	アプリやシステム開発人材を採用 認知度向上と利用者獲得のため、無償配布	センサーへの組み込みで業界特化型のサービスを展開
②Weakness(弱み) W1 システム開発人員が少ない W2 農家との直接のコンタクトがない W3 サービス提供やアプリケーションビジネスの経験がない W4 農業市場での認知度が低い	情報配信サービス会社との協業★ 農業市場が得意な企業とアライアンスを組む システム開発ノウハウを蓄積する 展示会出展などで認知度向上★	サービスを流用できる農業以外のターゲット業種を模索

複数のシナリオの優先度を考える

検討されたシナリオは、いずれも今後の成長やリスク回避に欠かせない戦略となります。しかし、一気に実施していくことは至難のわざです。そこで、導き出した複数のシナリオから優先度の高いものをピックアップして選定します。図 2-12 の例では、優先度の高いものに星印をつけました。

優先度の考え方は、ケースによっても異なるため、正解があるわけではありません。しかし、経験上著者は以下の 3 つの観点を推奨しているので、参考にしてみてください。

・**即時性、即効性が要求されるもの**
せっかくの施策を１年後にやっても効果が失われてしまうような、今すぐに着手するからこそ意味のある施策。

・**ビジネスインパクトにかかわるもの**
大掛かりな施策でなくても、これがキーになって今後のビジネスに大きな影響を与えそうなこと。

・**現場でのやりやすさ**
現場で推進しやすい施策。いかに重要な施策だとしても、社内の説得や稟議で時間がかかってしまいそうな要件は、余計な負荷がかかります。数カ月あるいは年単位でないと実現できないシナリオは、後に回します。現場でやりやすいものは、優先的にどんどん進めるべきです。

POINT　選ばなかったシナリオも残しておく

優先的にピックアップしたシナリオには、マークをつけておきます。ただ、ここで選択しなかったシナリオも決して無視していいわけではありません。一気にできないから優先度をつけただけなので、いずれは、対応していかなければいけない宿題のようなものです。できるものから徐々に片付けていきましょう。

シナリオからの展開を考える

ここでは、気象情報サービスについてクロスSWOTで導き出した段階的施策の中から、星印をつけた次の2つのシナリオを選定した例で考えてみましょう。

シナリオは、これから検討に加えるべき戦略・施策です。そこで、この内容をキャンバスで実現可能な形に分解していきます。

①情報配信サービス会社との協業

このシナリオは、自社にないシステム構築、アプリ開発やサービス配信のノウハウ、およびプラットフォームを早期に獲得するための戦略です。そのため、当初顧客セグメントで登場していた「情報配信サービス会社」をパートナーとして位置付けて考えます。

また、農家向けのサービスの立ち上げを迅速に行うためにも、一部の作業を「情報配信サービス会社」にアウトソースすることも視野に入れます。そこで、開発や委託にかかわるコストの計上が新たに加わります。

②展示会出展などで認知度向上

このシナリオは、農業市場でビジネス経験のない自分たちの技術や企業認知度を上げるだけでなく、業界に精通するステークホルダー（関係者やパートナー候補、販売代理店）などを探すきっかけになると想定しています。また、当然ながら潜在顧客の声を拾う絶好のチャンスです。

実際にサービスの商用化に至るには、実証実験や展示会でのフィードバックを反映します。また、展示会はそのほかにも顧客リストを獲得したり、対象業界に精通する最初の足掛かりを作ったりするうえで、重要な位置付けとしました。

一方、展示会やプロモーションには予算の確保も重要です。コストの見極めとそれに伴う予算化ができなければ、実行に移すことができません。

以上のように、コストを含め、シナリオを実際の計画に移すための流れを確認しておきましょう。

STEP 5 外部環境分析に基づき3rd キャンバスにアップデートする

いよいよ 3rd キャンバスにアップデートします。外部環境や競争力強化を考慮して検討したシナリオから選択した内容を、具体的に実行に移せる要素に分解して考えます。

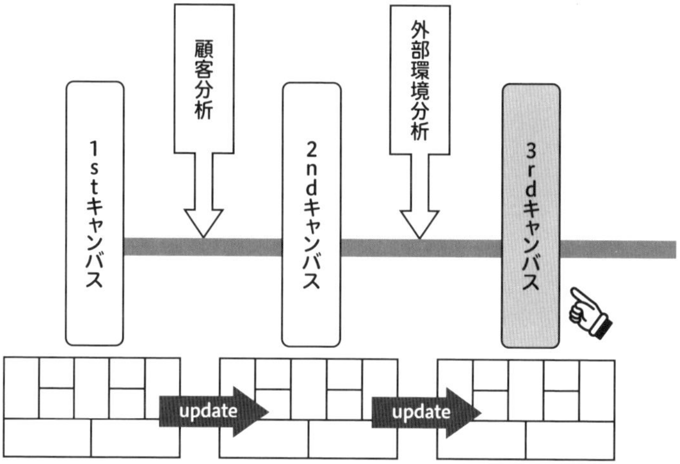

STEP 4 の外部環境分析で選んだ2つのシナリオの内容を、それぞれキャンバスに反映する要素に分解します。今回の例では、キーパートナー、主な活動、コスト構造、チャネルに追加変更が生じます。

[図 2-13] シナリオ「情報配信サービス会社と協業する」を分解

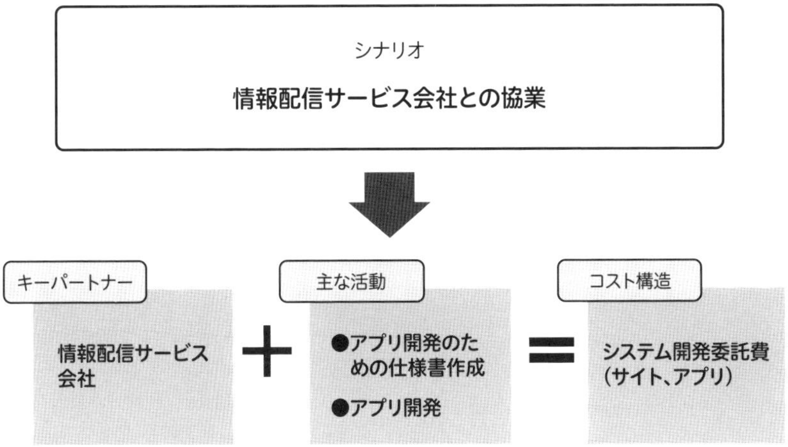

[図 2-14] シナリオ「展示会出展などで認知度向上」を分解

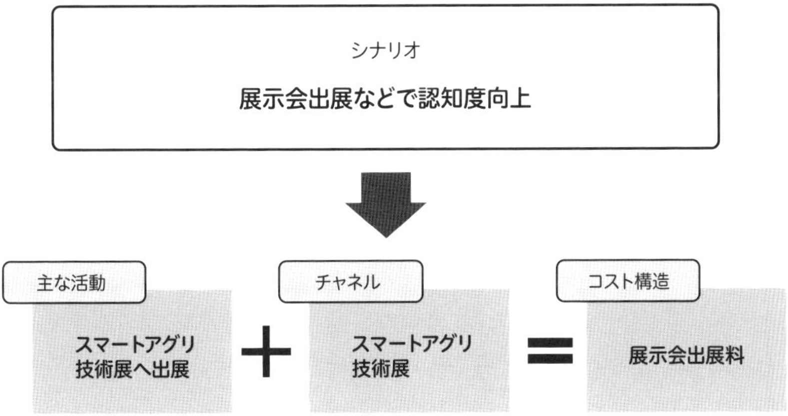

こうしてシナリオの内容を分解できたら、キーパートナー、主な活動、コスト構造、チャネルの各ブロックに追加・修正していきます。

［図 2-15］3rd キャンバス記載例

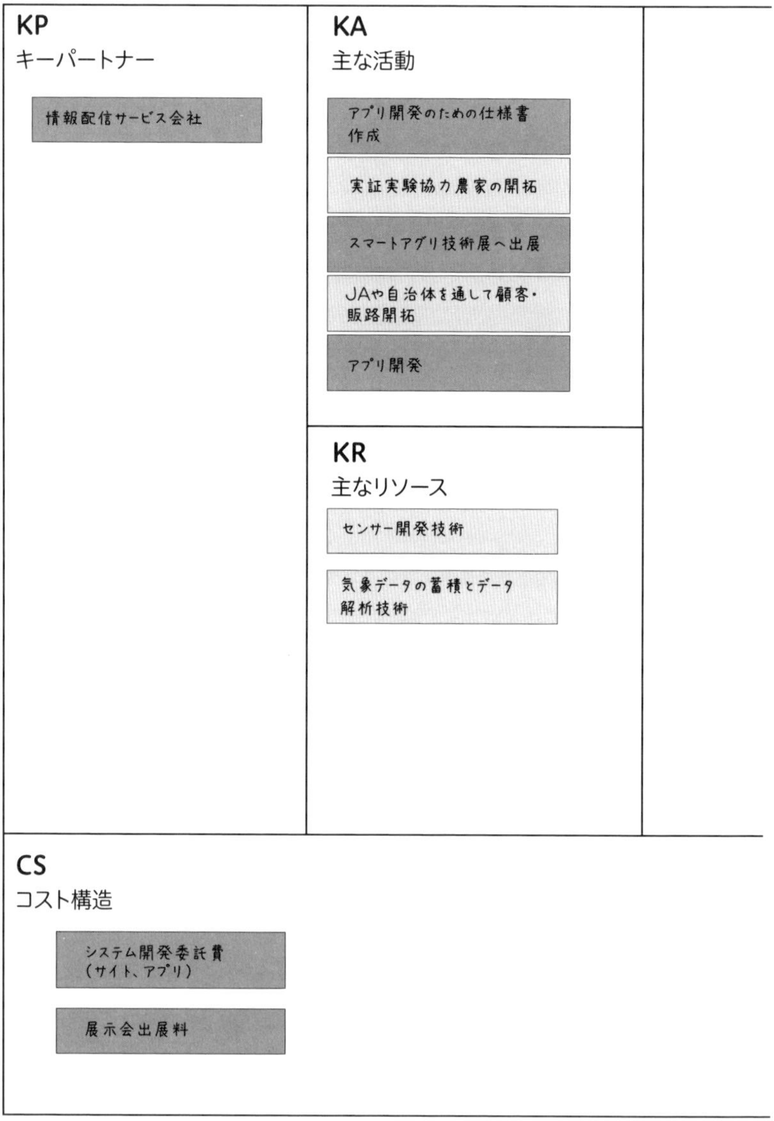

以上のアップデートにより、3rd キャンバスを完成させます。

3rd キャンバスの全体記載例を参照しながら、全体のストーリーをもう一度、確認しておきましょう。

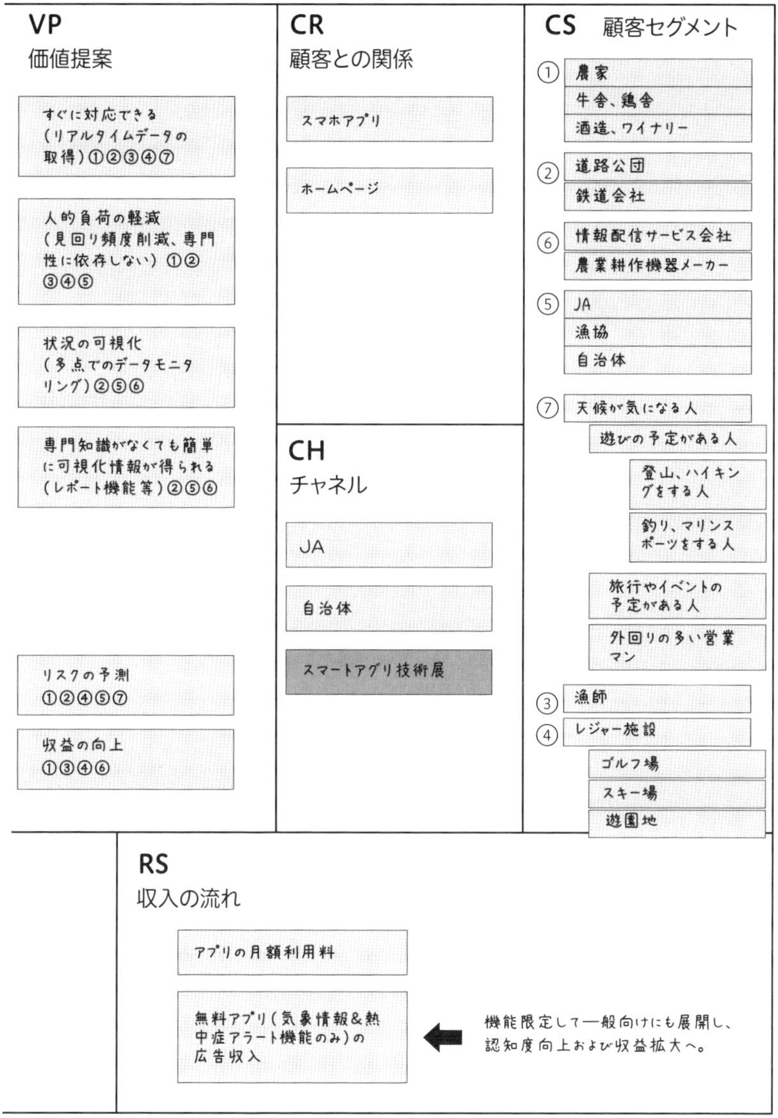

VP
価値提案
すぐに対応できる（リアルタイムデータの取得）①②③④⑦
人的負荷の軽減（見回り頻度削減、専門性に依存しない）①②③④⑤
状況の可視化（多点でのデータモニタリング）②⑤⑥
専門知識がなくても簡単に可視化情報が得られる（レポート機能等）②⑤⑥
リスクの予測 ①②④⑤⑦
収益の向上 ①③④⑥
CR
顧客との関係
スマホアプリ
ホームページ
CH
チャネル
JA
自治体
スマートアグリ技術展
CS 顧客セグメント
① 農家
牛舎、鶏舎
酒造、ワイナリー
② 道路公団
鉄道会社
⑥ 情報配信サービス会社
農業耕作機器メーカー
⑤ JA
漁協
自治体
⑦ 天候が気になる人
遊びの予定がある人
登山、ハイキングをする人
釣り、マリンスポーツをする人
旅行やイベントの予定がある人
外回りの多い営業マン
③ 漁師
④ レジャー施設
ゴルフ場
スキー場
遊園地
RS
収入の流れ
アプリの月額利用料
無料アプリ（気象情報＆熱中症アラート機能のみ）の広告収入
機能限定して一般向けにも展開し、認知度向上および収益拡大へ。

CHAPTER 2のまとめ

CHAPTER 2では、1stキャンバスから3rdキャンバスの作成まで、標準的なビジネスモデルの構築プロセスをステップごとにご紹介しました。

ビジネスモデルの検討において、様々な考えを「発散」、「収束」させながら精度を高めていきます。そのため、詳細に検証したり、反対におおまかでざっくりとした考えでまとめたり、両方の思考を用いなければいけません。検討を進めるうえでの留意点をまとめておきますので、心にとめておいてください。

ビジネスモデル検討の際の7つの留意点

①なるべく具体的で典型的な顧客イメージをつかむ。
②1人のペルソナでピンと来ない場合は、数人のペルソナを試してみる。
③早期に多くの課題を顕在化させたほうが、複数の仮説を立てやすく、また軌道修正も容易になる。
④スピード感を重視し、なるべく段階的に考えることを重視する。
⑤顧客へのヒアリングを行う場合、顧客の意見や質問に対して、すべてを返答しない。ひとまず“聞く”ことに注力すれば、大きな気づきや有益な情報を得やすくなる。
⑥反対に顧客の意見に振り回されすぎないよう気をつける。自分たちの仮説との対比を必ず視野に入れる。
⑦すでに競合が同様のビジネスを行っていてもへこたれない。市場ニーズがあると判断することもできるので、差別化に注力してみる。

一方、現場で検討を加える日々において、現状プロセスの確認は非常に重要です。今、自分たちはどのフェーズなのか、次に必要なことは何かを明確にしながら進めていきます。

プロセス確認のために、目安となる主なマイルストーン（中間目標、通過点）を設定するとわかりやすくなります。

CHAPTER 2でご紹介した項目をまとめておくので、状況に応じてチェックリストとして活用してください。

すべての項目を網羅する必要はありません。必要なのにまだできていないことや、欠けている検討項目はないかを確認するのに便利です。

ビジネスモデルの検討における作業プロセスの確認

□ 1stキャンバスによるドラフト作成
□はじめに攻略したい顧客セグメントの設定
□顧客セグメントの優先度の仮説・検証
□典型的"個客"のペルソナ作成とイメージの具体化
□共感マップを用いた顧客インサイトの共有
□ VPキャンバスの作成
□ 2ndキャンバスの作成
□クロスSWOT等による外部環境分析
□外部環境の影響を配慮したシナリオ作り
□ 3rdキャンバスの作成

CHAPTER 3

チームモデルの構築

OVERVIEW チームの改革から始める ビジネスの改革

顧客に「あなたのサービスに決めた」と言わしめる価値の提供こそが、企業の主目的です。チームがそれを理解し、顧客の重要性を認識することこそ、事業改革の要です。

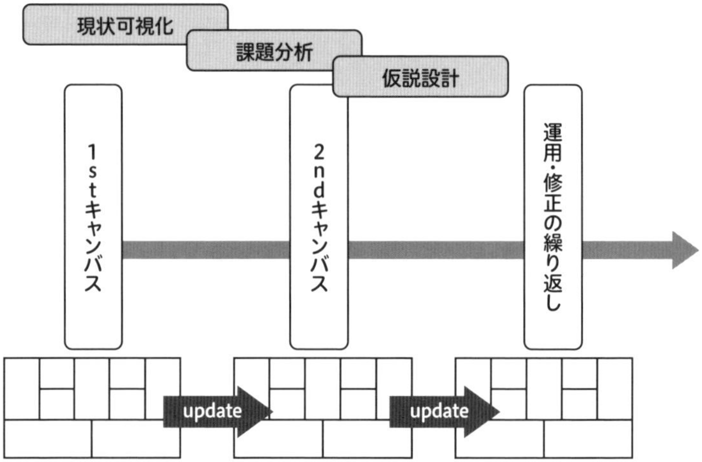

ビジネスモデルは組織戦略に不可欠なものです。もともと、ビジネスモデルは「戦略」に重点を置いて考えられてきました。CHAPTER 1 と 2 では、顧客に対して最大限の価値を創造し、提供する方法を検討するビジネスモデル・キャンバスをご紹介しました。

CHAPTER 3 では、こうしたビジネスモデルに基づく、**チームモデル**の考え方とその検討手順についてご紹介します。

チームの育成、強化を目的に

ビジネスモデルは企業活動にとって、重要な観点と役割を持っています。

一方、大手企業の管理部門や非利益部門では、「“顧客”と言っても実感がないし、ピンと来ない」という声をよく耳にします。

また、昨今のように**テレワークやリモート**での業務遂行が増加している環境下では、さらに個々の**役割と連携の意義が不明瞭**でやりがいを感じにくくなります。つまり、「その業務がなぜ重要なのか」をしっかり把握することで、社内の**チームワークを強化**するという考え方がこれまで以上に求められているのです。

［図 3-1］チームワークの強化で企業が活性化

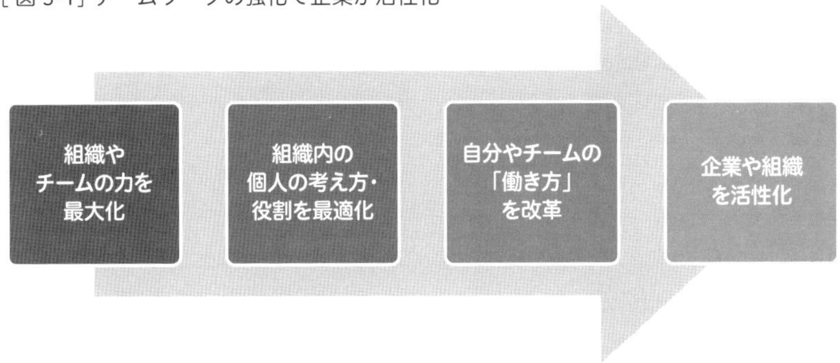

共通のキャンバスで一気通貫

キャンバスは、非常に卓越したツールで、ビジネスも組織やチーム、そして個人も、同じ１枚のシートで表現することができます。これは、数あるビジネスモデル検討ツールの中でも、ほかにない特徴だと思っています。

本節の冒頭にチームモデルの作成の流れを示していますが、ケースによって、様々な組み合わせで活用することができます。組織強化／人材育成を目的とする場合は、CHAPTER 4 のパーソナルキャンバスとの組み合わせの活用も必要になります。ここではまず、基本的なアプローチを簡単に説明していきます。

CHAPTER 2 の STEP 1 では、ある市場におけるビジネスモデルがエコシステムのように連動した関係性を持っていることをご紹介しました。社内やプロジェクトに目を向けた場合、今度は横の連携だけでなく、上下も含む垂直連携で関連を持ちながら機能していることがわかります。

つまり、ビジネスを動かす組織を「企業」「チーム」「個人」という3階層のシステムとして捉えることができるというわけです。チームモデルでは、この階層を考える方法としてキャンバスを用いていきます。

［図3-2］階層型のシステムが連携するビジネスモデル

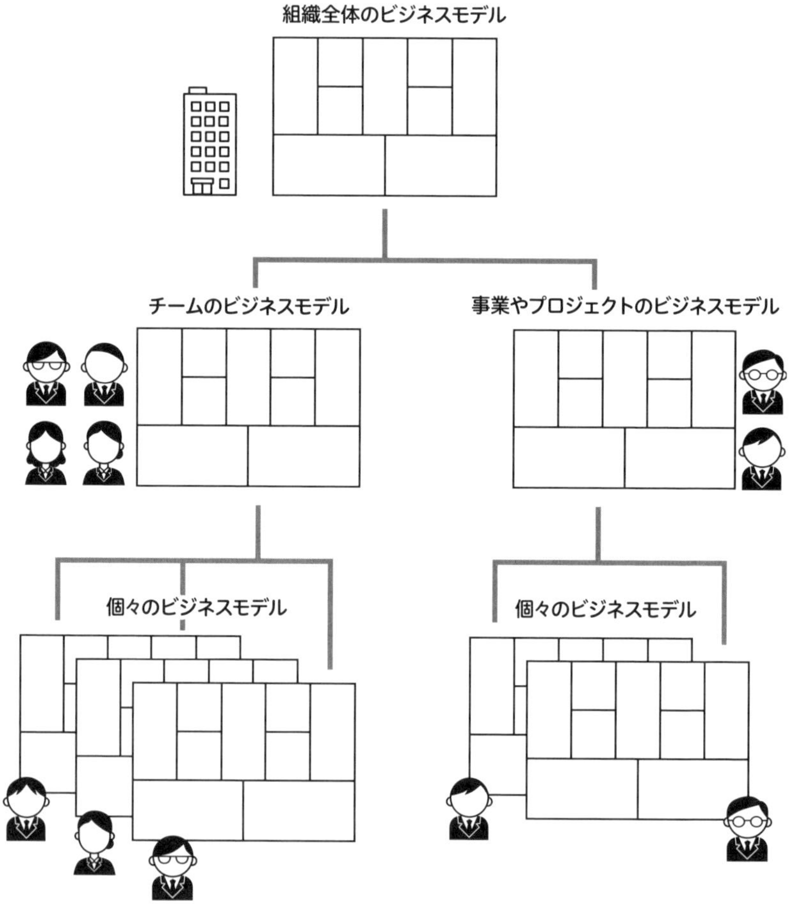

ビジネスモデルとチームモデル

一般的にビジネスを進めるうえで、すべてをたった１人で担うことはあまり現実的ではありません。ましてや企業や大きな組織に所属している場合、多くの部署をまたがってビジネスを成功に導かねばなりません。その意味でも**チーム力の最大化**は、ビジネスを成功に導く最重要課題と言っても過言ではありません。

ビジネスにおける**チーム力の強化**は、個々のスキルや力を磨くというより、むしろ個々の適性を認識し、適材適所で柔軟にマッチングできる組織を目指すほうが、スピードを考えると効果的です。

著者はかつて在籍していたグローバル企業で、プロダクトマーケティングを担当していました。その際、いかに自分より優秀な人材を知っているか、また、いかにそれらの人々に気持ち良く仕事をしてもらえる環境を整えられるかが、マーケターとしての力量だということを痛感しました。

１人の力では、早晩、限界が来ます。組織図上に存在する明示的な組織であろうと、プロジェクトベースで集められたバーチャルなチームであろうと、**チームのモチベーションの向上と活性化**が業務成功のカギになるということを改めて認識しなければなりません。

昨今、こうした考え方を**ファシリテーション**と表現することも多くなりました。

組織の考え方も少しずつではありますが、多様性を持ち始めました。単純な上下関係と指揮系統を持ったチームではなく、**フラットな組織構造**を持つ企業も増えています。一方、従来とは異なり、役職（タイトル）だけでリーダーシップをとることが難しい局面にあることも事実です。では、どういった観点でチーム力を向上していくことが必要なのでしょうか？

モチベーションに影響する４つの要因

ここでは、メンバーの**モチベーションの向上**に大きく影響する代表的な**４つの要因**についてご紹介します。中でもリーダーを目指す方は、次の４つを意識したチーム作りを心がけてみましょう。少しずつでも取り入れながら、チームの活性化を目指します。

①目的の明確化

人は「今の自分より、もっと優秀なグループの一員でありたい」と考えます。「泥船」には乗りたくありませんが、「勝てる神輿」は担ぎたいものです。成功の尺度、何をゴールにするかを明確にすることは、その重要な一歩となります。

②自律性の担保

多くの人は本来、「自分の生き方は自分で決めたい」と心の中で思っています。また、自分の考えがうまくいけば、次も自ら率先して動くことができます。小さな成功体験は、自律的な行動を促す動機付けになります。

③関係性の強化

人は誰かと「つながりを持ちたい」と思っています。メンバーが一丸となって仕事をする喜びや、貢献できた際の満足感は格別です。昨今、テレワークなどでもこの関係性が希薄になることが、大きな課題として指摘されています。

④達成感（上達・向上）の共有

人は上達・向上をすることで「達成感を得たい」と思っています。ただし、誰もが簡単にスキルアップできるというわけではありません。スキルの伸ばし方や成長できたことを客観的に認識させる方法も重要です。

個人からチームへ

ティム・クラーク他**『ビジネスモデル for Teams』**（翔泳社刊）でも、「私」という個人だけでなく、「私たち」という自分を含むチーム全体に着目するという考え方を提唱しています。

目指すべきは、一人ひとりの「個」をうまく認めながら、チーム全体へと思考をシフトさせることです。そのためには、まず自分たちのビジネスの目指す方向性やゴールを明確にし、**全体的でかつ大局的な視点**を養うことが重要です。

一方、キャンバスのようなフレームワークの活用は、組織のシステムが実際にどのように機能し、誰を対象としているかを明らかにします。さらに各要素がどのように関係性を持っているかも可視化することができます。キャンバスを共有することで、全体を俯瞰で考える大局的な視点を持ちやすくなります。自分たちの部署がどの部署に良いパスを投げると（貢献すると）、全体がよりスムーズで効率的に機能するかが論理的に理解しやすくなります。

「企業のビジネスモデル」は組織全体が価値を作り上げ、社外の顧客に向けて価値を提供するのに対し、「チームのビジネスモデル」はそのチームが価値を作り上げ、組織内の顧客に向けて価値を提供するということになります。そして、次の CHAPTER 4 でご紹介する「パーソナルモデル」は、個人が価値を作り上げ、その価値を提供する方法ということになります。

POINT　個よりチームを優先するわけではない

ここで言う「チーム思考」は、「個」を押し殺して、チームの全体最適を優先するという意味ではありません。チーム全体の利害を理解したほうが、個人のパフォーマンスも最大化できるという捉え方です。

STEP 0

チームモデル検討の根本にある“視点”を理解する

チームモデルのキャンバスは、ビジネスモデル・キャンバスと同じ要素で構成されます。具体的な書き方に入る前に、何に注目すべきかについて整理します。

すべての企業にビジネスモデルはあり、ビジネスモデル・キャンバスを用いれば、一目でそのビジネスがどのように機能しているかを把握することができます。多くの企業はチームの集合体でもあるので、企業内の各チームがどのように機能しているのかも、同様にキャンバスで把握することができます。

ビジネスモデル・キャンバスの理解があれば、チームモデルでもすべて同じ要素を検討するのでスムーズに記載できるでしょう。ただし、内部の組織も含めて検討する場合、各要素を少しだけ広義に解釈する必要があり、また、社外と社内の両方を対象に想定するため複雑さが増します。

顧客は誰か？

チームモデルを検討するうえで、改めて自部門がほかのチームとどのような関係にあるのかを明確にしましょう。

その中で、メンバーの全員が改めて検討すべき根本的な問いを考えてみましょう。**「誰の役に立つのか？」＝「顧客は誰か？」**ということです。

ビジネスモデル・キャンバスの検討でも、顧客セグメントへのフォーカスが最も重要な起点となったように、チームモデルにおいても、自分の働き方を考えながら、**「誰の役に立つのか？」＝「顧客は誰か？」**を明らかにすることが重要です。

例えば、工場の製造ラインを頭に思い浮かべてみてください。生産性という観点で見てみましょう。個人にフォーカスして考えた場合は、「1人の組み立て時間の短縮」、「時間内に作業できる個数の増加」などが生産性の指標になると思います。

一方、視点を個人からチームへ移しましょう。製品の製造全体で考えると、**自分たちの後の工程**を担うチームとの関係が重要です。

自分たちの組み立て後にパッケージ化するチームがあるとします。このチームは、自分たちの組み立てが完了しないと作業することができません。反対に早く部品がそろえば、パッケージ化も早くできるようになり、**生産性**だけでなく**短納期**にも貢献できることになります。また、納期が早くなることで、営業チームの市場競争力も向上する遠因にもなるでしょう。

つまり、ここから推察されるのは、組み立て時間を短縮することも重要ですが、後工程での手戻りがないように組み立てミスを減らし、部品の質を向上させることも、同様に**ほかのチームへの貢献**になるということです。こうした理由から、一般的に製造業の生産効率を上げるためには、迅速さと質の向上の両方が欠かせないわけです。

仕事の細分化で自分の業務の意味が見えない

言われてみれば当たり前ではありますが、**機能分担が細分化されている大企業**では、自分の業務が誰に役立っているかを意識することが極めて少ないのが現実です。

このように、自分たちが**「誰の（どのチームの）役に立つのか？」**を改めてロジカルに把握することは、自分たちの目的やゴールをしっかり理解するうえで、最も重要なスタート地点となります。

STEP 1

チームモデルの1st キャンバスを作成する

ここからは、具体的にチームモデルのキャンバスを記載する手順や、検討する際に必要となる視点について、事例を交えてご紹介します。

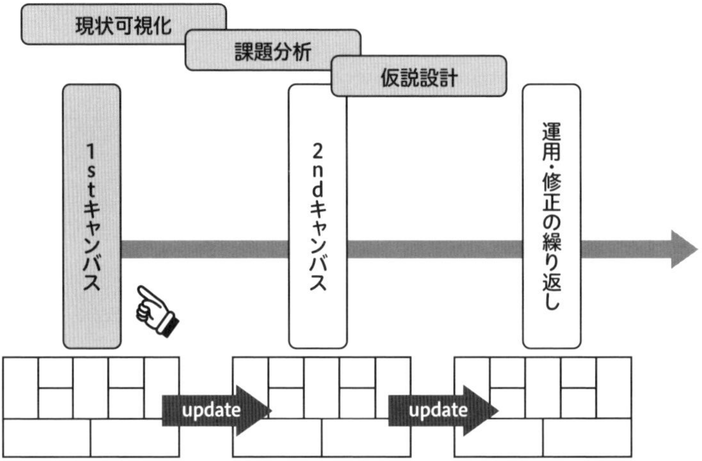

CHAPTER 2 で検討した気象センサーを活用したビジネスの例をもとに、そのサービスを展開する企業を想定して、チームモデルの作成を進めていきましょう。

なお、ここではチームモデル単体での検討手順に焦点をあててご紹介します。CHAPTER 5 では課題別に、企業のモデルとの対比やパーソナルモデルと連携した検討方法をご紹介しているので参照ください。

さて、この会社は、気象センサーの機器開発を行ってきました。センサーのようなハードウェア（機器）の製造、開発、データ分析、商品企画、営業、総務、経理など様々な役割の部門やチームが想定されます。その中で今回は、**カスタマーサポート**を担当するチームに注目してみましょう。

①顧客セグメントの洗い出し

［図 3-3］顧客セグメント

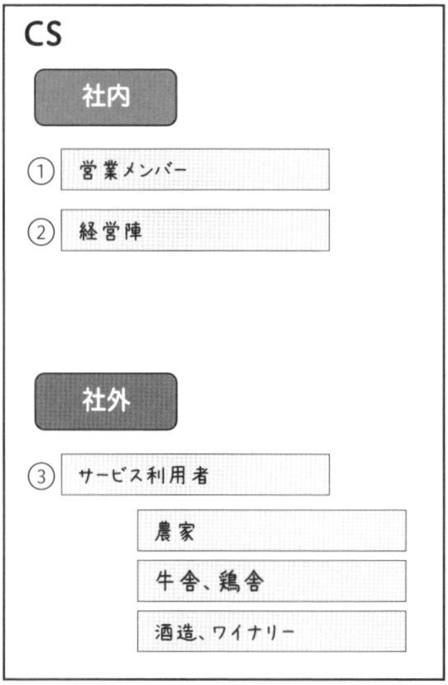

自分たちのチームの顧客（**誰の役に立っているか**）を考えていきます。社外だけでなく、社内も含めて自分たちのチームや組織が対象とすべき部署の顧客セグメントを洗い出しましょう。

普段の業務では、社内の他部署を顧客として捉えることは少ないので、改めて頭の中を整理し社内での役割を棚卸ししてみましょう。

POINT　付箋紙に番号を振る

ビジネスモデル・キャンバスと同様に、顧客セグメントのブロックに複数の要素を書き込む場合、付箋紙に番号を振ると優先順位を示すことができ、顧客と価値提案を紐付ける際に役立ちます。または、顧客ごとに付箋紙の色を変えてみてもわかりやすくなります。

②顧客セグメントに対応する価値提案の検討

顧客に対応する価値提案を考えます。価値提案には、活動よりも**ベネフィット、ソリューション、成果**を意識して記載しましょう。

③チャネルおよび顧客との関係の整理

チャネルや顧客との関係を整理しておきます。典型的なものや特徴のある要素に絞っておきます。**顧客によって異なるチャネルや顧客との関係**を必要とする場合もあります。

顧客が社内にいる場合、書き出す要素は、会議やメールなど比較的当たり前のものになりやすいと思います。なるべく重要な定例会議、報告会、月次レポート、社内説明会などに絞って記載することをお勧めします。

［図 3-4］価値提案

［図 3-5］チャネル／顧客との関係

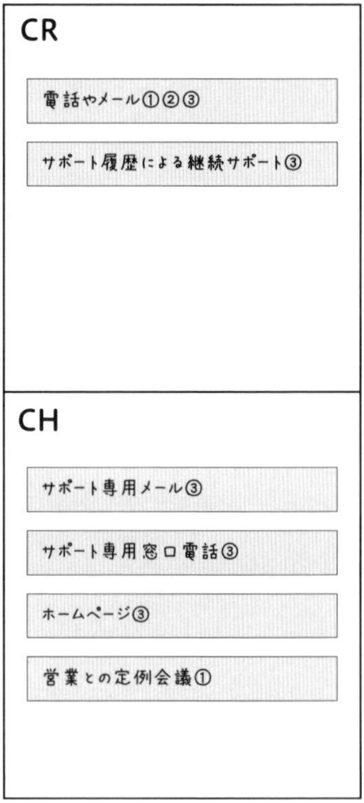

④価値提案に必要となる主なリソースと主な活動

主なリソースには、価値提案の提供において必要なものや担保すべき要素を記載します。不足している要素も含めて注目してみましょう。

主な活動には、価値提案を提供するために欠かせない具体的な活動を挙げます。事務作業やルーチンワークは外して考えましょう。また、手間がかかるので顧客が避けたがる作業や業務が含まれることもあります。例えば、「集計」が本来の活動なのですが、データがなかなか集まらないため、「全営業所に催促」しなければならない、などが該当します。

［図 3-6］主なリソース／主な活動

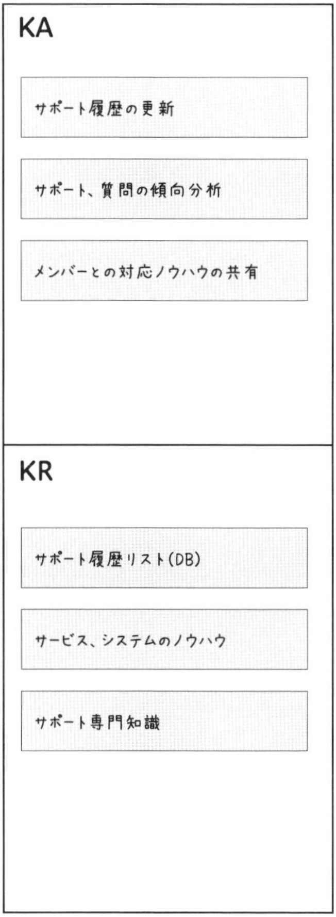

［図 3-7］キーパートナー

⑤社内と社外のキーパートナー

社内と社外のパートナーの両方が対象となります。パートナーが提供してくれるもの、自分たちでは解決できない協力部門や協力者を確認しながら挙げていきます。顧客セグメントとパートナーの両方に記載するケースもあります。

例えば、顧客セグメントに記載した「営業」も、サポートに必要な顧客ステイタスを互いに共有したりするので、パートナーとして捉えることもできます。

⑥金銭面以外も含めた収入とコスト

収入のブロックでは、実際に支払われる金額や売り上げだけでなく、社内的に確保できる予算などを計上するケースもあります。

また、チームメンバーにもたらされる業務上の成長や、その他の財政要素以外の**ベネフィット**も書き出しておきましょう。

具体的な金額や数字が入れられる場合は、併記しておきます。

［図 3-8］収入の流れとコスト構造

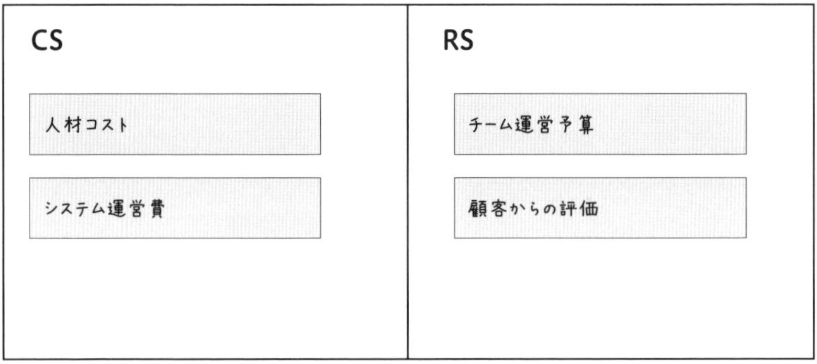

可視化による気づき

ここまでの工程で、チームモデルのための1st キャンバスをざっくり検討、作成してきました。全体をいったん可視化するだけでも、次のようなメリットがあります。

- 現状のチームの**本質的な業務を整理**できる
- 自分たちのチームが**誰に向けて**仕事をしているかを明確にできる
- 普段の業務だけでは欠けていた観点や**見逃していた関係性**について明らかにできる

ここで、改めて考えなくてはいけないのが、自分たちは、**「顧客のためのソリューションを十分に提供できているか」**ということです。

次のステップでは、チームモデルをブラッシュアップする工程に進んでいきましょう。

1st キャンバスのまとめ

すべてのブロックをざっくりと埋めたら、キャンバス全体を次の観点で確認しておきましょう。

- 現状について反映すべきことが反映されているか？
- 関連チームとの関係性が明確になっているか？
- 記載はしたが、うまくいっていない要素や足りていない要素はあるか（記載漏れという意味ではなく、実現できていないということ）？
- チームメンバー全員が理解できているか？

［図 3-9］作成した 1st キャンバス

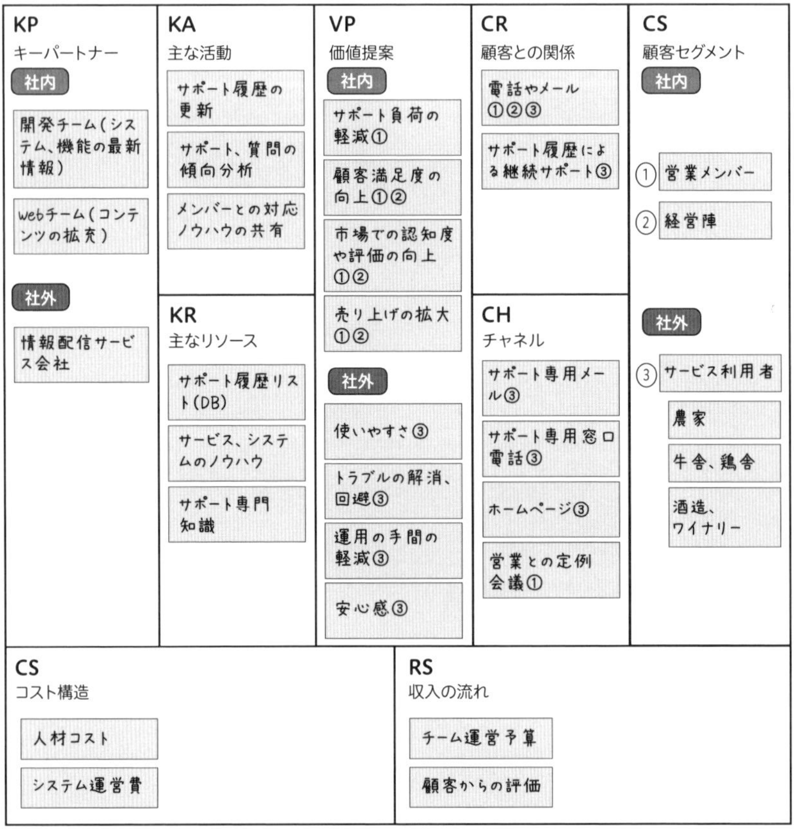

KP
キーパートナー
社内
開発チーム(システム、機能の最新情報)
webチーム(コンテンツの拡充)
社外
情報配信サービス会社
KA
主な活動
サポート履歴の更新
サポート、質問の傾向分析
メンバーとの対応ノウハウの共有
KR
主なリソース
サポート履歴リスト(DB)
サービス、システムのノウハウ
サポート専門知識
VP
価値提案
社内
サポート負荷の軽減①
顧客満足度の向上①②
市場での認知度や評価の向上①②
売り上げの拡大①②
社外
使いやすさ③
トラブルの解消、回避③
運用の手間の軽減③
安心感③
CR
顧客との関係
電話やメール①②③
サポート履歴による継続サポート③
CH
チャネル
サポート専用メール③
サポート専用窓口電話③
ホームページ③
営業との定例会議①
CS
顧客セグメント
社内
① 営業メンバー
② 経営陣
社外
③ サービス利用者
農家
牛舎、鶏舎
酒造、ワイナリー
CS
コスト構造
人材コスト
システム運営費
RS
収入の流れ
チーム運営予算
顧客からの評価

POINT 難航したらほかのチームをモデルに

自分たちのチームモデルの検討が難航する場合、実情にこだわることで考えにバイアスがかかりやすくなっている可能性があります。いったん、ほかのチームをモデルに整理してみましょう。客観的でおおまかな捉え方ができるようになります。

STEP 2

1st キャンバスに基づきチーム価値の向上を目指す

キャンバスによる可視化は業務見直しの手掛かりになりますが、本質的なチームの価値を向上させるためには、顧客の課題に即したソリューションが求められます。

チームモデルの場合、そのときに**置かれた状況や課題**によって、顧客セグメントの優先度は変わることがあります。例えば、株主総会や決算時期は、経営層やステークホルダーに対するソリューションを強化していったほうが、組織の運営基盤が安定します。また、売り上げが課題になっているシーンでは、営業チームへの貢献が不可欠です。

一方、顧客からサポート品質に対するクレームが増えた場合には、外部の利用者に対するサービス品質を上げることを目指さなければなりません。企業全体の利害を大局的に捉えた場合、社内方針の変更を反映しなければならないことも多々あります。

そこで、顧客セグメントの優先度を固定するのではなく、ひとまず、検討すべき課題、求められているゴールなどを明確にすることで、**段階的**に考えをまとめていきます。

POINT 大局的な視点が必要

ビジネス推進においては、顧客セグメントの優先度がぶれたり、優柔不断な戦略を展開したりするのは望ましくありません。一方、チームや組織においては、企業全体の総合的な戦略に基づき、大局的な視点が必要です。これについては、企業のビジネスモデルとチームモデルの整合性を検証するステップでご紹介します。

顧客分析による価値提案の見直し

今回、検討課題としてSTEP 1で扱った気象情報サービスのカスタマーサポートチームを、**「売り上げに貢献するチーム」**へと改善させるモデルについて考えてみましょう。

STEP 1で検討した1stキャンバスの顧客セグメントと価値提案のブロックをもとに、**売り上げ向上につながる価値提案**を検討します（新たな顧客価値を見つけるには、CHAPTER 2でご紹介した共感マップやVPキャンバスの活用も有効です）。

売り上げに直接関与するのは、当然営業チームのメンバーです。営業メンバーにとって、販売後の顧客満足度の向上やサポートの手間の最小化は、カスタマーサポートチームに対する当たり前の要望です。

一方、売り上げ拡大という観点では、顧客の評判などは重要とはいえ、やや間接的なもので、売り上げに直結しているわけではありません。販売後の価値提案だけでなく**販売前の価値提案**があればさらにうれしいはずです。

そこで、新たに営業メンバーに対する価値提案として**「売りやすさ」**というバリューを追加します。

一方、社外の顧客に目を向けてみます。サポート窓口は通常、購入した利用者しか対象としていません。安心して購入していただくためには、販売後の利用者だけでなく、サービスに関心のある潜在顧客の質問にも対応サポートを提供することで、**「買いやすさ」**のバリューを提供できるのではないかと考えました。

これにより、サービスに関心はあるが購入に至っていない潜在顧客の情報を得ることができます。つまり、社外の「買いやすさ」を追求することで、社内の「売りやすさ」の改善にもつながるという仮説を導き出しました。

[図 3-10] 売り上げ拡大に貢献するための新たな価値提案

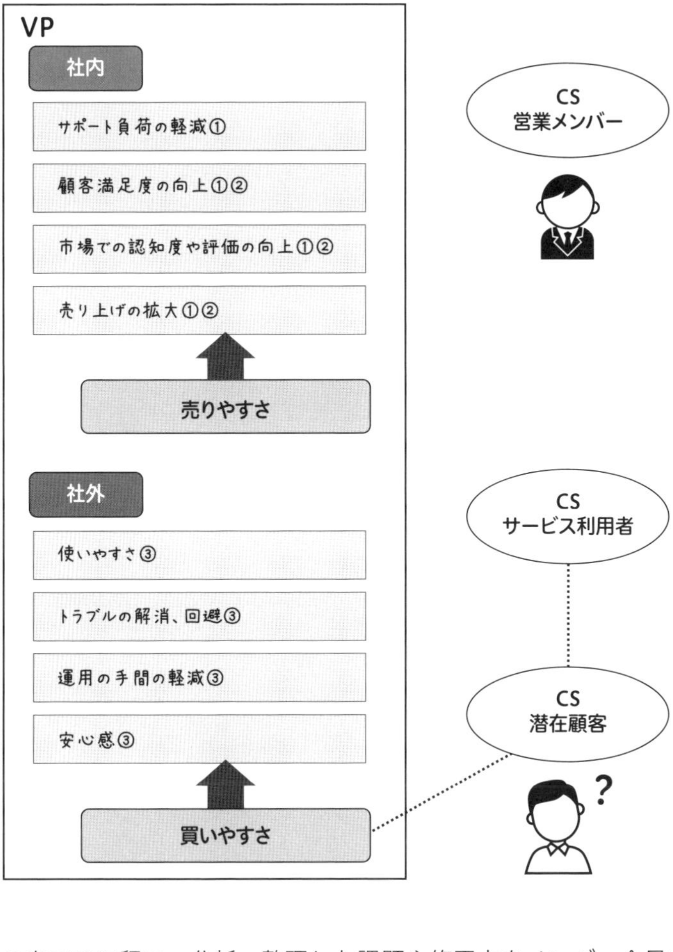

ここまでの工程で、分析、整理した課題や修正点をメンバー全員で共有できたら、キャンバスに反映していきましょう。

STEP 3 チームの目標となる2nd キャンバスにアップデートする

1st キャンバスは、現状可視化と整理を目的としました。2nd キャンバスでは、検討結果をもとに、チームモデルのキャンバスをアップデートしていきます。

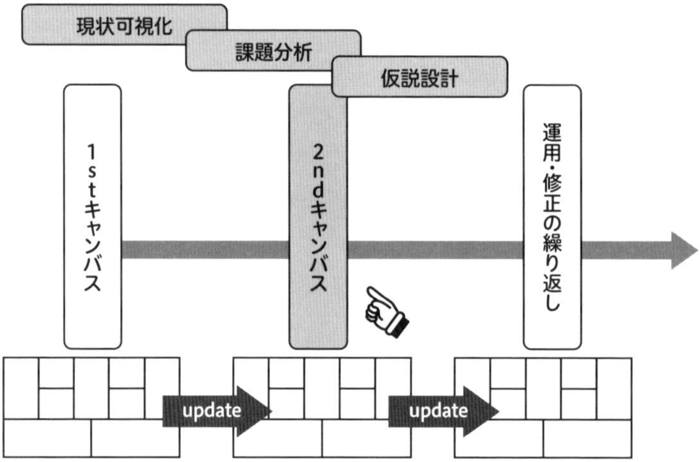

STEP 1 では、チームモデルのドラフトとして 1st キャンバスを作成し、はじめにターゲットとすべき顧客セグメントにフォーカスしました。STEP 2 では、ターゲットの顧客分析を行い、顧客が望む価値提案を明確にしました。

2nd キャンバスでは、まだ実現できていないけれども、これからこうすべきだという**「チームが目指すモデル」**が仮説として描き出されることが目標となります。いわば、チームモデルの設計図ということです。「できる」「できない」だけ注視してしまうと新しい戦略が作りにくくなるので、現状の過不足も含めてしっかり把握することを優先します。

①顧客セグメントの修正と確認

売り上げ拡大に直接関連する顧客として、**社内**では**営業メンバー**にフォーカスしていきます。ここでは、いったん経営陣の優先度は少し下げて考えても良いでしょう。

［図 3-11］顧客セグメントに追加

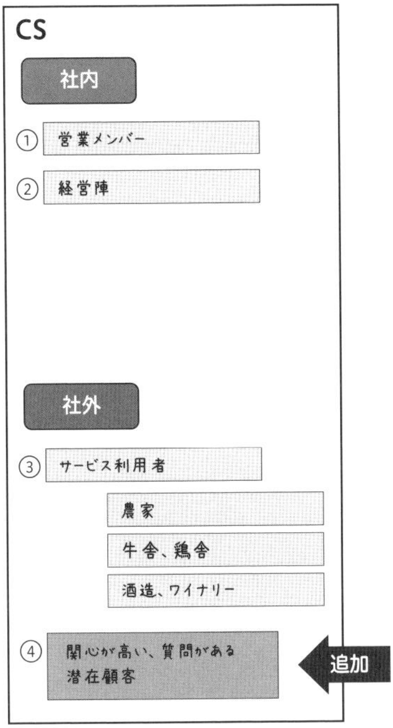

次に、先ほどの顧客セグメントと価値提案の検討結果から、**社外**では既存顧客であるサービス利用者に加え、新たに**潜在顧客**を追加してみます。

ただし、想定される潜在顧客と言っても、すでにサービスについて知っている人を想定します。購入を踏みとどまっていたり、導入における質問や疑問を持っていたりするなど、関心の高い潜在顧客を指します。

ビジネスモデル・キャンバスは、ブロックごとの詳細にこだわるより、**全体の俯瞰や関係性**に大きな意味があることを、すでにご紹介してきました。

ここから顧客セグメントの**変更の影響**を受けてキャンバスは**連鎖的にどんどん変更**を余儀なくされます。

こうした変更シナリオを予測しながら、実行における脆弱性を読み解き、整合性を検証していくことで、リアリティのあるモデル作りが可能になっていきます。

皆さんならではの別のパターンも検討しながら、手順を確認してみてください。

POINT **従来のやり方から脱却する**

一般的にカスタマーサポートの業務では、既存顧客ではない潜在顧客を対象にしません。ここでは、カスタマーサポートの役割をタスク（作業）や機能としてではなく、営業メンバーを支援する役割として大局的に捉え、ゴールを明確にしたことで、今までとは違う発想を導き出すことができました。

従来のやり方に凝り固まっている組織では、特にこうした本質的な目的を明らかにする議論がとりわけ重要になります。

②価値提案の修正

価値提案も STEP 2 の仮説の内容を加えて記載します。社内の営業メンバーへの価値提案として**「売りやすさ」**を、社外の潜在顧客に対しては**「買いやすさ」**を追加します。また、導入や運用にあたっての安心感は、既存顧客はもちろん、潜在顧客にも提供できる価値なので、番号を追記しておきます。

[図 3-12] 価値提案に追加

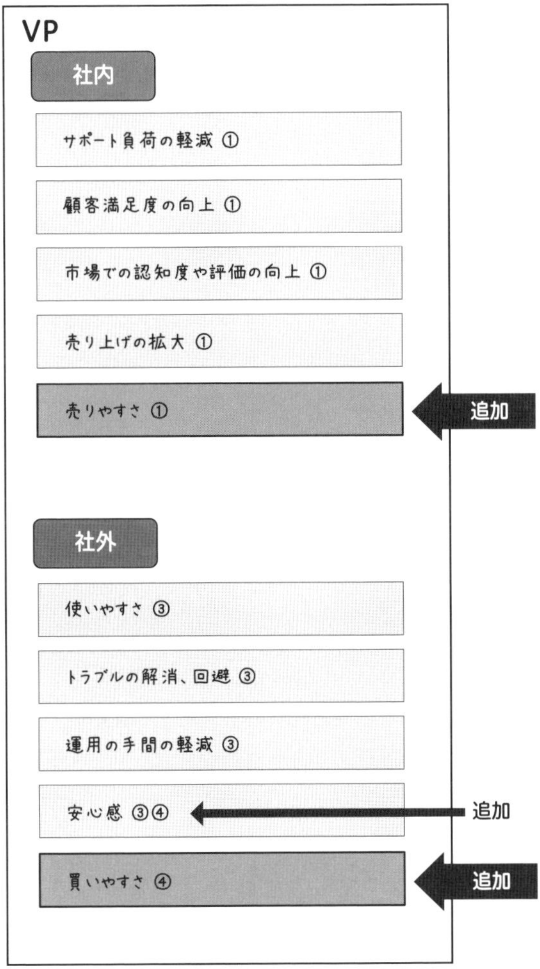

さらに STEP UP! 複数の可能性を検討する

ここでご紹介した事例では、顧客セグメントの中で営業メンバーを優先顧客としてターゲットとしました。

図 3-13 のようなマップを活用しながら、これとは違う優先度やここには登場していない別の顧客セグメントの可能性なども検討してみましょう。

［図 3-13］顧客の優先度マップ

優先度		顧客セグメント	価値提案
高	1	営業メンバー	・売り上げ拡大 ・売りやすさ
	2	潜在顧客	・購入前の疑問の解消 ・買いやすさ ・相談できる安心感
	3	既存顧客	・いつでも問い合わせできる安心感 ・専門知識がなくても運用しやすい ・すぐに解決できる
	4	経営陣	
低	5		

POINT 優先度がわからなければ……

優先度の設定に確信が持てない場合は、複数の可能性を検討しておきます。優先度を明確にできない場合、次のようなケースが想定されます。そのため、方向修正が迅速に行えるよう複数のパターンを準備しておくことをお勧めします。

・検討が浅い

・社内外の環境の変化が大きい

・トップの方針がよく変わる

③主な活動を検討する

今回、価値提案のブロックの変更の影響が最も大きいのが、**主な活動**のブロックです。従来行っていなかった潜在顧客へのサポートの提供を行うためには、今までの業務範囲を超えた活動が必要であることがすぐに思い浮かびます。

[図 3-14] 主な活動に追加

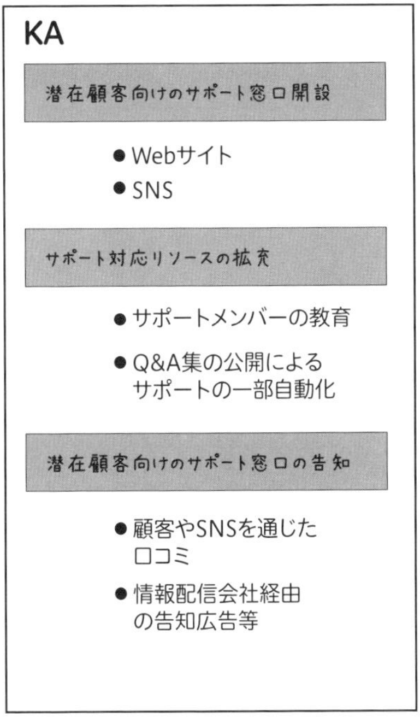

KA
潜在顧客向けのサポート窓口開設
●Webサイト
●SNS
サポート対応リソースの拡充
●サポートメンバーの教育
●Q&A集の公開による
サポートの一部自動化
潜在顧客向けのサポート窓口の告知
●顧客やSNSを通じた
口コミ
●情報配信会社経由
の告知広告等

ここでは、新たに必要な活動にフォーカスして考えていきましょう。

従来の既存の顧客には、専用のサポート窓口の電話やメール対応を行ってきましたが、潜在顧客とはコンタクトの手段が存在しません。そこで、潜在顧客でもコンタクト可能な問い合わせ窓口を開設します。しかし、既存顧客のサポートとの**差別化**を図るためにWebサイト経由やSNSなどに限定します。ネットでの対応に限定することで、比較的簡単にアクセスできる反面、個別対応を極力抑える効果も期待できます。

サポートを潜在顧客まで拡張するには、サポートのための**リソースも拡充**しなければなりません。例えば、対応スタッフの稼働も増えるし、質問の内容も多くなる可能性が想定できます。

そこで、Q&A集を整備します。Facebook経由等で集めた回答例や問い合わせ履歴は、そのままQ&A例として活用し、サポートメンバーで共有します。また、顧客にも公開することで、一部セルフサポートができるように自動化の道筋をつけておきます。

また、購入後の顧客以外を対象にしたサポート窓口があることを知ってもらう必要があるため、告知広告をはじめ、口コミの醸成も行います。
　以上の要件を主な活動として書き出してみましょう。

④主なリソースをチェックする

　価値提案と主な活動の変更に伴って、主なリソースも整合性を確認しながら修正していきます。サポートのノウハウを蓄積するためのデータベースは、既存顧客以外のQ&Aも追加した**知財として蓄積**します。一方、質の高いサポート要員やシステムなどのリソースも重要です。

⑤チャネルと顧客との関係を検討

　新しい顧客セグメントがターゲットとされるケースでは、新たにリーチできるチャネルを再検討する必要が出てきます。ここでは、もともとコンタクトを持たない**潜在顧客への訴求手段**を新たに記載していきます。それに伴って顧客との関係も更新します。いずれ活動が軌道に乗ってきたら、チャネルや顧客との関係をさらに更新していくことになります。

［図3-15］主なリソースを更新

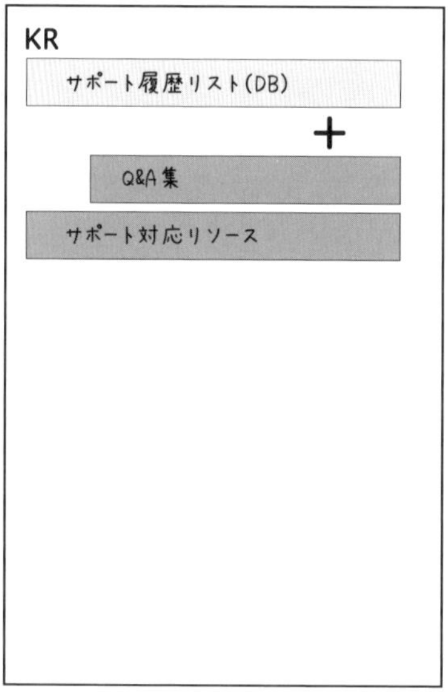

［図3-16］チャネル／顧客との関係を更新

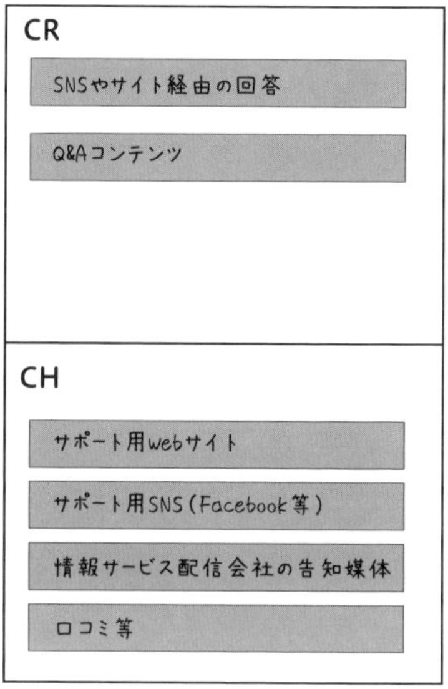

⑥収入とコストを再検討

キャンバスの各要素の変更に伴い収入、およびコストも再検討します。**収入のブロック**には、潜在顧客向けに提供するサポートにより、潜在顧客の情報や場合によってはリストなどが収集されることで、営業メンバーへの後方支援に大きな貢献ができることを記載します。

また、製品・サービスだけでなくサポートの評価が上がることで、市場における認知度やサービスの付加価値が向上し、**売りやすさの大きな要因**となります。

一方、サポートサービスの経験が増えることで、負荷の増大はありますが、**最終的にはサポートメンバーの質の向上**も期待できます。

コストのブロックには、サポート専用のWebサイトやSNSの開設にかかわるコスト、サポートスタッフの確保や教育、さらに告知・広告費などを計上する必要があります。

実際の金額の計上は、キャンバスに記載しにくい場合もあります。項目ごとの金額、必要期間など別紙で詳細を準備しておきましょう。

［図3-17］コストと収入を更新

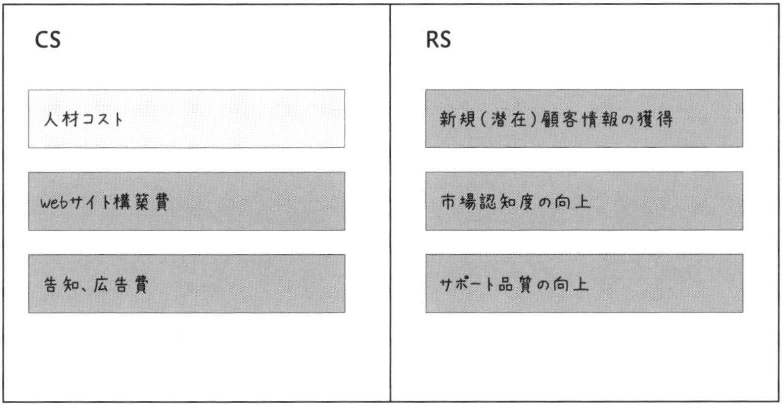

⑦キーパートナーも記載

主なリソースや主な活動の中で、自分たちのチーム以外の助けを借りている場合は、キーパートナーに記載しましょう。

全体のまとめ

修正が必要なブロックの記載や変更が完了したら、全体をもう一度見直し、関連性を見ながら見落としなどもチェックしましょう。チームの目指すべきビジネスモデル、つまり明日から取り組むチーム戦略が完成しました。

[図 3-18] アップデートされた 2nd キャンバス

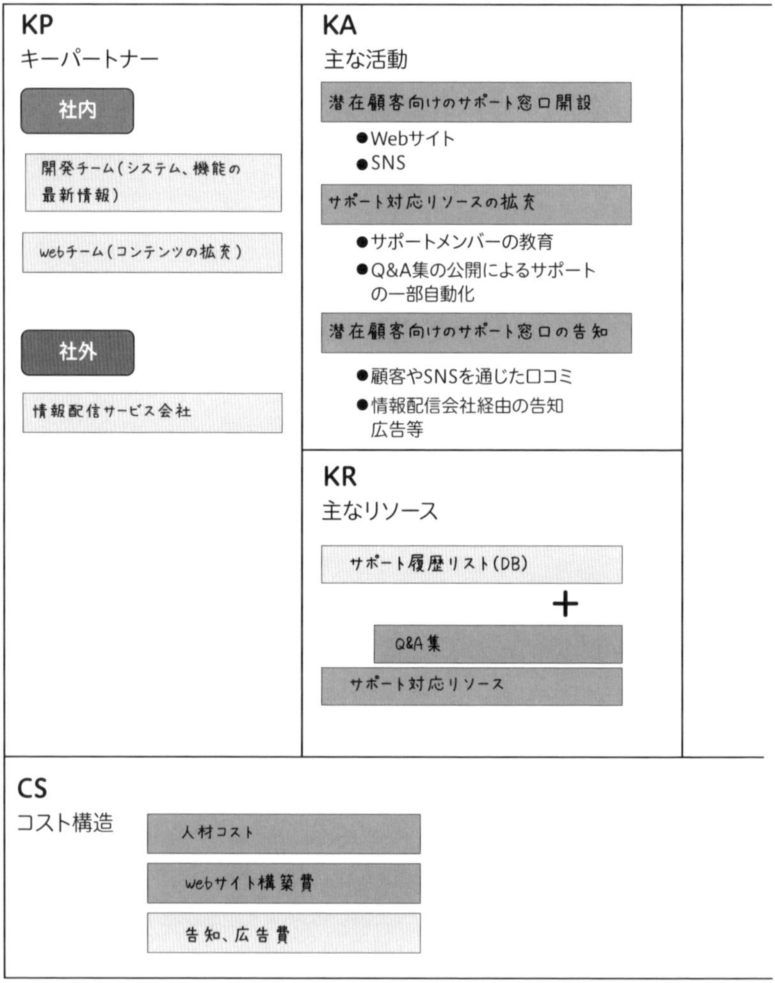

キャンバスは、記載することが目的ではなく**実行のための共有化ツール**です。

全体の仮説に基づいてプランができたら、現場で実施していくためのアクションプランに落とし込んで、実行に移します。

アクションプランには、必ず**「いつまでに誰が」**実行するかも記載しておくことが必要です。

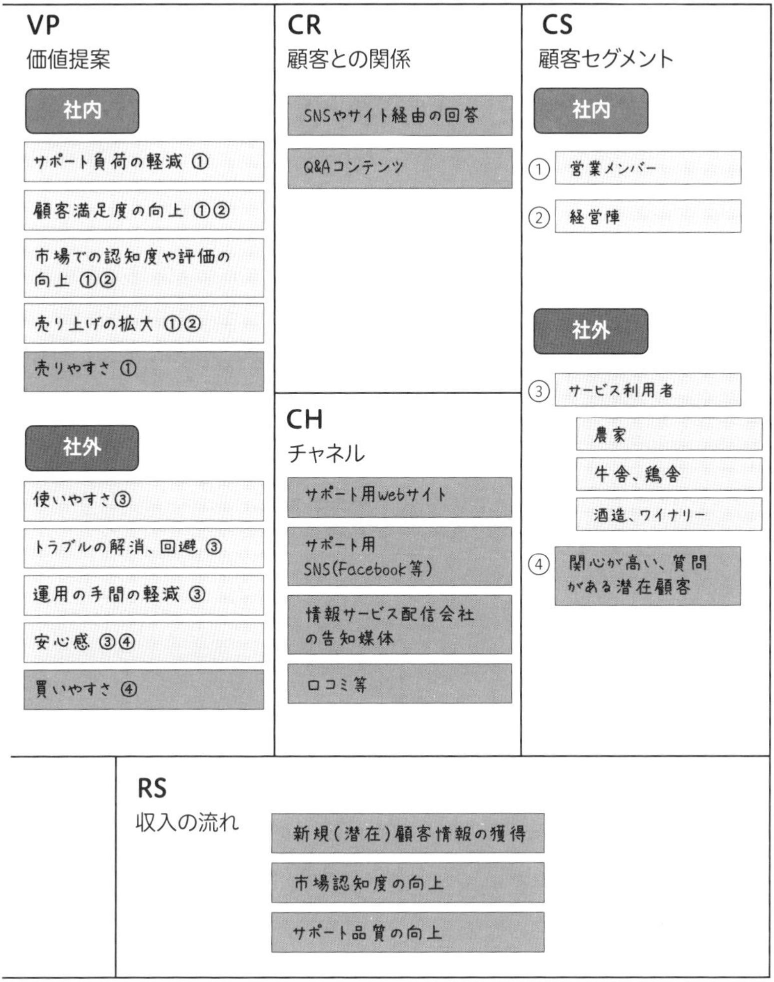

さらに STEP UP! ビジネスモデルとの対比で精度を上げる

さらにより精度の高いチームモデルを目指してみましょう。チームモデルを実行に移す前に、もう一度もともとのビジネスモデルと対比させることで、事業全体のゴールとずれがないかを確認することができます。

つまり、事業全体を反映しているビジネスモデル・キャンバス（**上位のモデル**）とチームモデル（**下位のモデル**）との階層間の整合性をチェックしていく検討方法です。

［図 3-19］アライメントキャンバスの記載例

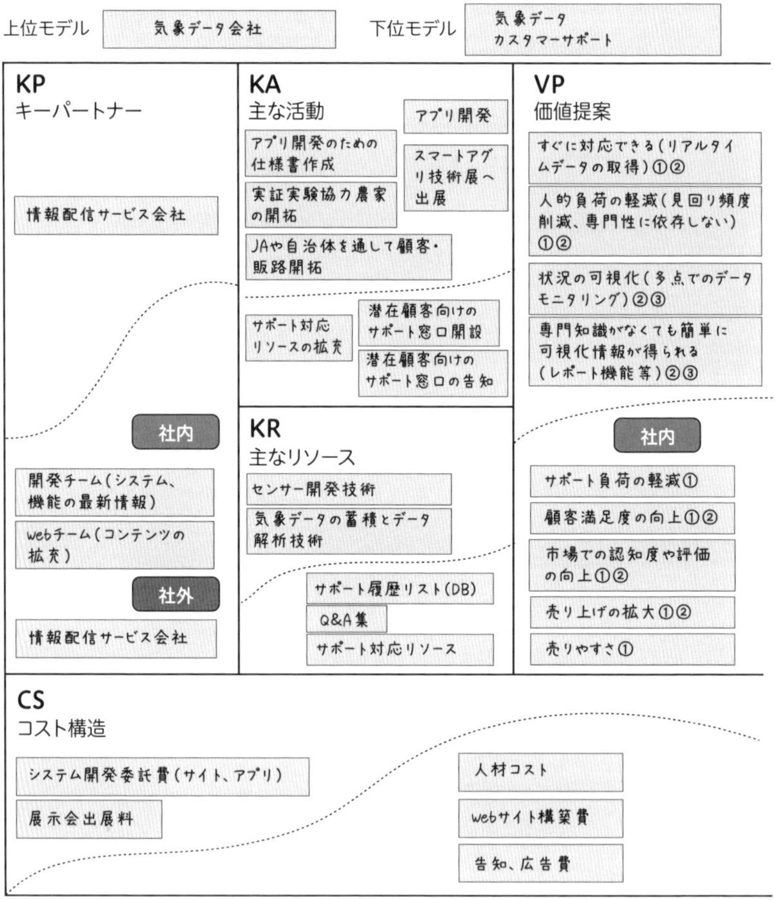

この上位、下位の階層を同時に記載するキャンバスを「**アライメントキャンバス**」と呼びます。

ここでは、アライメントキャンバスに記載したビジネスモデルとチームモデルの記載例を簡単にご紹介します。上位であるビジネスモデルの目的やゴールに準拠した検討になっているかを見極める際に用います。同期もしやすく、本来の目的に立ち返って検討するのに非常に有効です。

しかし、要素が多い場合、複雑になってしまうので、無理にアライメントキャンバスで検討する必要はありません。まずは考え方として、この階層イメージを思い浮かべられるようにしておくことが重要です。

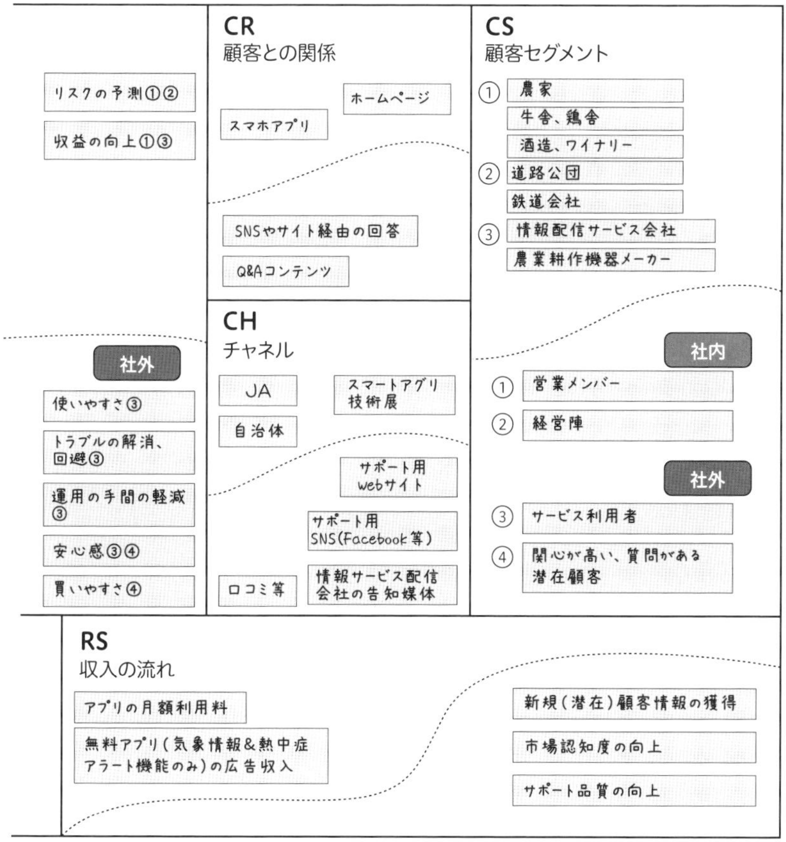

CHAPTER 3 のまとめ

CHAPTER 3 では、チームモデルの検討や可視化の基本的な方法をご紹介しました。

チーム力強化は、昨今の企業活動において最も注目される課題テーマの1つです。特に製造業をはじめ大きな企業では、個々の業務が過度に細分化されることで、毎日のオペレーションが決まったルーチンワークに陥りがちです。チームのビジネスモデルを共有しながら、適切な目標に向かって力を結集することで、もっと効率的で成果の上がるチーム作りを目指しましょう。

チームモデル検討を進めるうえでの留意点をまとめてみたので、参考にしてください。

チームモデル検討の際の 6 つの留意点

①はじめに目的やゴールを共有する。
②普段の自分たちの業務だけに縛られずに大局的な視点を持つ。
③なるべくチームの全員が理解できるようにする。
④常に、「誰の役に立つか？」を確認する。
⑤時々見直す（四半期、半年などアップデートの目安を考えて、繰り返し活用していくと定着しやすくなる）。
⑥トップの方針転換などにも対応できるよう、複数のチームモデルを検討しておく（まったく異なるモデルである必要はなく、少しずつ方向修正できるようなサブプランの準備が重要）。

ビジネスモデルの推進と同様、チームモデルでも現状プロセスの確認は非常に重要です。自分たちがどこまでできていて、次に何から実行すべきなのか、どのフェーズにいるのかを明確に把握しましょう。

プロセス確認のために、目安となる主なマイルストーン（中間目標・通過点）を共有し、アクションプランなどスケジュールに落とし込んで確認すると、漏れがなくなります。

チームモデルの場合、具体的な作業や個々の役割分担なども、より明確に記載することが重要です。これを怠ると、チームモデルはまさに理想論、机上の空論として現実味を帯びません。

CHAPTER 3 でご紹介した基本的なチームモデル検討の項目を挙げておきます。

チームモデルの検討における作業プロセスの確認

□ 1st キャンバスによるドラフト作成
□課題抽出、課題定義、ゴール設定
□顧客セグメントの優先度の仮説・検証
□典型的な“個客”のペルソナ作成とイメージの具体化
（必要に応じて）
□共感マップを用いて、顧客インサイトの共有
（必要に応じて）
□ VP キャンバスの作成
（必要に応じて）
□ 2nd キャンバスの作成

図 3-20 には、チームモデルのキャンバスを記載する際の留意点とチェック項目を早見表の形でまとめているので参照ください。

［図 3-20］チームのためのビジネスモデル・キャンバス（チェック項目早見表）

KP　キーパートナー

- キーパートナーは誰か？
- キーパートナーが提供する主なリソース、または実施する主な活動は何か？
- キーパートナーが提供する、私たちのモデルに不可欠なものは何か？
- キーパートナーがベネフィットを生む方法

・最適化または節約
・リスクまたは不確実性の低減
・ほかでは獲得できないリソースや活動を提供

KA　主な活動

- 価値提案、チャネル、顧客との関係、収入が必要とする主な活動は何か？
- 主な活動の種類

開発： 設計、開発、製造、解決、提供

販売： 教育、説明、デモンストレーション、宣伝、広告

サポート： 管理、保守、監督、その他作成・売り込みの補佐

KR　主なリソース

- 価値提案、チャネル、顧客との関係、収入にとって必要な資産は何か？
- 4種類の主なリソース：

人的： スキル豊かな人材

有形資産： 車両、建物、土地、機器、道具

無形資産： ブランド、メソッド、システム、ソフトウェア、特許、著作権、ライセンス

資金： 現金、株式、売掛金、信用限度額、財政保証

CS　コスト構造

- 最大のコストは何か？
- 主なリソースと活動のうち最も高価なものは何か？
- どのようなマイナスの外的効果を発生させているか？
- コストの種類

固定： 給与、リース料
変動： 品物またはサービスのコスト、臨時労働力
現金以外： 償却、営業権、外部効果

ブロックごとに、検討が必要な観点や記載要素を導くための質問などが、箇条書きになっています。一度にすべてのブロックを書き終わらなくても構いません。思いついたところから記載していきましょう。

VP　価値提案

- 顧客に提供するベネフィットとは何か？

機能的価値
リスクの低減
コストの削減
便利さ、使いやすさ
パフォーマンスの改善
特定の仕事を終わらせる

感情的価値
楽しみ、喜び
受容
帰属
承認
安心

社会的価値
地位の向上
好みやスタイルの検証
親近感

CR　顧客との関係

- 販売後のサポートをどのように提供するか？（マーケティングフェーズ5）
- 現在どのような関係を持っているか？

例：
・対面または電話でのサポート
・自動配信のメールまたはセルフサービスのウェブフォーム
・メール、チャット、Skypeなどを利用したリモートのパーソナルサービス
・ユーザコミュニティやwiki
・顧客との共創

- 顧客はほかにどんな関係を構築・維持してほしいと期待しているか？

CH　チャネル

- どのチャネルを通して顧客にリーチするのか？
- 最もうまく機能しているのはどのチャネルか？
- ほかに顧客が好むチャネルはあるか？
- マーケティングフェーズ1-4

1. **認知：** 顧客候補はどのように私たちを知るのか？
2. **評価：** どのように評価を引き出すか？
3. **購入：** 顧客はどんな方法で購入するのか？
4. **提供：** どのように届けるか？

CS　顧客セグメント

- 誰の役に立つのか？
- 収入の最も大きな割合を占める顧客は誰か？
- 戦略上、最も重要な顧客は誰か？
- 私たちの顧客の顧客は誰か？

RS　収入の流れ

- 顧客が進んで対価を払うのはどんなベネフィットか？
- 今はどのように支払っているか？
- 顧客が望む支払い方法とは？
- 各顧客はどの程度収入に貢献しているか？
- どのようなプラスの外的効果を発生させているか？
- どのような支払い形式があるか？

例：
・ライセンス料
・資産売却
・リース/レンタル料
・購読料
・仲介手数料
・手配料または広告料

CHAPTER 4

パーソナルモデルの構築

OVERVIEW

自分をビジネスモデルとしてデザインする

チームのビジネスモデルと密接に関連するのが個人のビジネスモデルです。自分のビジネスモデルであるパーソナルモデルを、フレームワークを活用しながらご紹介します。

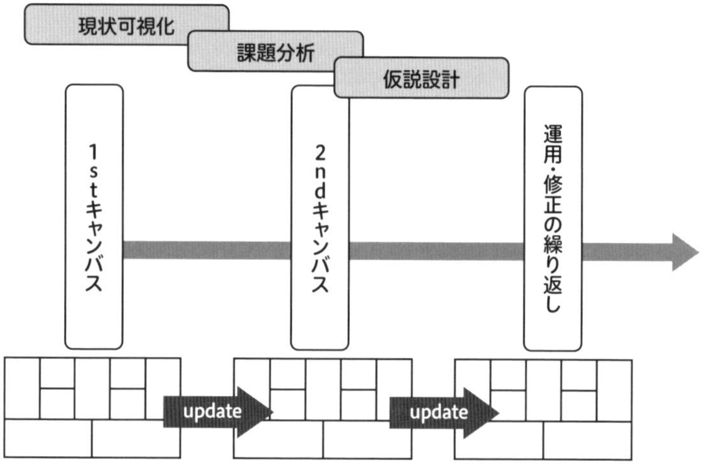

ここまで、ビジネスモデルからチームモデルの検討手順まで、キャンバスを活用しながらご紹介しました。CHAPTER 4 では、最も自分にとって身近なパーソナルキャンバスにフォーカスして、作成、検討手順についてご紹介します。

求められる価値基準の変化

ビジネス従事者にとって、評価の基準の１つが**ビジネススキル**です。営業スキルやソフトウェアの開発スキルなどがそれにあたります。そのため、スキルアップや資格取得のために多くの時間を費やすこともあります。

また業界での経験値や専門知識も、当たり前の付加価値として考えられています。

ところが、市場環境の変化は、業界の再編や市場の縮小、さらにビジネスの市場からの消失など、瞬く間に私たちの**就業環境にも大きな影響**を与えます。そのため、過去の業務スキルや経験、業界知識は、従来ほど価値を持たなくなる場合もしばしばです。

一方、働き方の変化や新たなビジネスの台頭など、スピード感を求められる市場競争にキャッチアップするために、**チームや組織力を強化**することの重要性に注目が集まっていることは前述しました。

しかし昨今、組織のフラット化やプロジェクト型の企業間連携、テレワークの普及など、従来以上に**チームの関係性は希薄**になりやすい状況が**企業の課題**として露呈しています。

ましてや、実際の職場では、個人の利害とチームの目的とのトレードオフに苦心しています。チーム力強化のためのリーダーシップやプロジェクト進行に欠かせないファシリテーション力は、次世代リーダーにとって必須のノウハウの１つです。

こうした中、**メンバーがお互いの特性を理解すること**と**個々の目標とチームの目標がなるべく同じベクトルを向くこと**が、働きやすさや効率化の面でも重要性を増しています。

個人のキャリア選択においても、**「生活」と「やりがいのある仕事」**を天秤にかけて難しい決断を迫られることは珍しくありません。

自分自身の**キャリアデザインを見直し、付加価値**を上げるためにも、**チーム力の強化**においても、適切なパーソナルモデルの構築はビジネス社会に身を置く私たちにとって**必要な武器**になります。

パーソナルキャンバスで個人の仕事の意味を理解する

パーソナルキャンバスは、自分自身のモデルの検討や可視化に用いるフレームワークです。企業のビジネスモデルと同じ考え方や用語、フレームワークを使って、**部署や組織の目標に沿った個人の仕事**を検討することができます。

CHAPTER 3 では、企業のビジネスモデルを補完するものとして、組織のチームモデルを考えました。同様に、チームにとってもそれを支える「一人ひとりのメンバー」のパーソナルモデルが重要になってきます。

パーソナルモデルの明確化は、個々の業務や取り組みの意味を理解するために重要です。これを容易にするのが、パーソナルキャンバスです。

あなたがリーダーであれば、個人のニーズとグループの目標を調整したり、個人とチームの不一致を特定したりできるようになります。

また、個人的に新たな目標を検討する場合も、キャリアデザインの見直しや**自分の目標の達成**のために活用することができます。

POINT 自分自身がサービスだと思ってみる

客観的な視点になりにくい自分の棚卸しには、ちょっとしたコツがあります。個人で商売されている方は、わかりやすいと思いますが、自分自身がサービス（売り物）だと思ってみてください。よりイメージしやすくなります。

ビジネスモデル・キャンバスとの違い

パーソナルキャンバスは、企業のビジネスモデルと同様に1枚のシートで表現します。9つのブロックを埋めるのは同じなのですが、検討していく順番と記載内容に少しだけ違いがあります。ビジネスモデル・キャンバスとの最も**大きな違い**は次の2点です。

①スタートは、自分のリソースから

「パーソナルキャンバス」では、**自身の棚卸し**だと思って、まずは自分を客観的に分析してみます。まず、「**主なリソース**」からスタートして記載していきましょう。検討に必要な詳細は、STEP 1でご紹介していきますが、ウォーミングアップとして少しイメージしてみましょう。

例えば自身の興味、スキル、能力、個性、資産、人脈などが、自分のリソースに該当します。スキルと能力の違いは、**能力とは先天的**なもの、**スキルとは後天的**に仕事や勉強などを通じて自身の努力によって身につけたものと捉えます。

②得られるものは、お金だけじゃない？

ビジネスモデルでは、収入は顧客からの**課金が対象**になりますが、パーソナルキャンバスでは、収入は**「得られるもの」**、**「報酬」**などと考えます。一方、コストは**「費やすもの」**と捉えます。

金銭で表現できるものもあれば、ストレスや満足度など、数値化できない心理的なものもあります。皆さんの中にも「お金だけが目的じゃない」、「達成感が欲しい」、「役に立ってうれしい」など様々なモチベーションの理由があると感じたことがあると思います。こうしたソフト面での評価も含めて、パーソナルモデルの収支を見ていくことになります。

ペアワークで検討

ビジネスモデルやチームモデルの検討や議論は、複数のチームメンバーで行うことが一般的です。ワークショップ形式のグループワークの実施で検討を進めていくことを推奨しています。

一方、パーソナルモデルの検討は、大人数で行うというよりは、基本的には**ペアワーク**のように少人数で行います。もちろん、自分自身のキャンバスは１人で作成しますが、修正モデルは、現状に照らし合わせて意見交換することで解決策を探っていきます。

また、経験豊富な**メンター（アドバイスをしてくれる人）**などの指導や助言をヒントに改善案を検討する場合もあります。

POINT 自己紹介だと思って気楽に

パーソナルキャンバスの作成は、１人で行いたいと思う方も多いでしょう。作成は基本的に１人でも構いません。しかし、自分を客観的に見つめ直す作業は、意外と「難しかった」とか、「ちょっと落ち込んだ」というお声もいただきます。

ペアやグループで行うなら、自己紹介だと思って気楽に取り組みましょう。また、身近な人との意見交換に二の足を踏む場合は、逆に機会があれば利害関係の少ない他部署の人などと行うのもハードルを下げやすい方法です。

STEP 0

チームの目標となるパーソナルキャンバスを理解する

パーソナルキャンバスの各ブロックについて解説します。検討の順番や解釈の違いにも注目して、まずはパーソナルキャンバスの理解を目指します。

①自分の主なリソースを棚卸し

前述した通り、まずは主なリソースから取り組みます。ここでは、「あなたがどのような人」で「何を持っている」のか棚卸しをしていくことになります。

自分の持つ財産（リソース）として、例えば**人脈やノウハウ**、人からの評価のような無形のものから、車、家、キャリア開発に必要なお金などの有形資産まで、様々な要素が含まれます。

自分への評価が厳しい人は、「自分には、取り立てて書けるリソースはない」と難しく考えてしまいます。その場合、周囲の人たちからの意見も参考にしてみましょう。自分では強みだと思っていなかったことも、周りから評価されていることがあります。はじめて検討する場合は、次のような 3 つの代表的な観点で書き出してみましょう。

・**本質的に関心があること**
自分が最も**興味・関心**のあることは、たいへん大切なリソースになります。なぜなら、仕事に対する満足度に大きくかかわってくるからです。長年興味を持っていることや最近最も関心があることなど、思い起こして書き出しておきましょう。

・**先天的な能力と後天的なスキル**
次に**能力とスキル**を記載します。能力は、持って生まれた才能です。リーダーシップがとれる、機械操作が得意、数字に強い、一度会った人の顔を忘れない、香りを嗅ぎ分けられるなど、具体的なリストにしてみます。スキルは、経験や訓練など学ぶことで身につけたものです。パソコンスキル、語学力、医療知識・技術、プログラミングなど、こちらも具体的なリストにしてみましょう。

・**性格や持っているものなど**
そして個性などを考えてみましょう。**自分の性格**をどのように表現できるでしょうか。周囲の人に聞いてみて、自分では気づいていなかった一面を改めて知るのも良い機会です。

POINT 行き詰まったら先に「主な活動」から

記載内容がなかなか出てこない場合は、一度、主な活動を書いてから主なリソースに戻って検討しても構いません。いつもの仕事内容から着手したほうが、考えやすいと感じるかもしれません。

②普段の仕事における主な活動に注目

日々自分が行っている重要な活動は何でしょうか？　普段の仕事の中で、大切な業務をいくつか書き出してみましょう。すべての活動を書き出すのではなく、自分ならではの重要な活動にフォーカスしてみましょう。

ビジネス従事者の場合は、普段の業務の中で自分ならではの活動を挙げてみましょう。

また、必ずしも仕事だけの範囲にこだわる必要はありません。キャリアやライフワークバランス（仕事と生活の調和）の見直し、学業、サークル、ボランティアなど、やってみたいことによって検討範囲を調整してみましょう。

ただ、ビジネス以外で検討する場合は、自分がこだわっている活動やライフワーク（テーマやポリシーを持って続けている事柄）を中心に考えていきます。趣味などのプライベートと仕事モードを混在したモデルは、利害が拮抗して複雑になりすぎる場合があります。目的を自問して、ひとまず重点を置きたいほうに絞って検討してみましょう。

なお、上司や指導者、お客様から言われたことだけが必要な活動というわけではありません。その指示や依頼は、**何を達成するために必要**なものかを理解する必要があります。

顧客の求めている結果に結びつく行動、いわゆる**「かゆいところに手が届く」**活動は、あなたの評価や報酬を大きく左右します。これが「価値提案」のブロックについて考える準備となります。

また、どんな**アウトプット**（結果報告や成果など）を求めているのかは、受け取る側のタイプによっても違うものです。例えば、次のような要点を手掛かりにすると、どこを重視すべきかを先読みして行動に移すことができます。

- **結果**だけが欲しいのか、それとも、その結果に至る**プロセス**を重視するのか。
- 内容が**簡潔**で、一目でわかるシンプルな資料が欲しいのか、それとも、裏付けとなる数字などの**詳細データ**があるとうれしいのか。
- すでに実績があるという**安心感**が欲しいのか、それとも、まだ世の中でなされていない、**新しい取り組み**に期待を寄せるのか。
- **あらかじめ**共有しておいたほうが、スムーズに進められるのか。

相手を観察し、思考や行動の特性や傾向を把握することで、スムーズで成果に結びつきやすくスマートな活動につながります。

③自分の価値を評価する顧客

パーソナルモデルでは、「顧客セグメント」のブロックを「顧客(Customers)」と呼んでいます。顧客は、自分の価値を評価し、**対価を支払ってくれる存在**です。価値を評価してくれる顧客と、その価値に対してお金を支払ってくれる顧客が異なる場合もあります。

普段の仕事や活動を通じて、直接的もしくは間接的に、誰を助けているのか、どの顧客に対して尽力しているかを考えてみます。

顧客の範囲は、組織に所属しているか、個人でビジネスをしているかなど、立場によっても異なります。ここからは、顧客に該当するバリエーションのいくつかを具体的にご説明しましょう。

- 給料などの**支払いを決定**したり、それを**評価したりする立場**の人たちは、顧客と考えられます。仕事や活動の成果を誰に報告しているかを思い浮かべて、名前や役職などをこのブロックに書きとめておきましょう。

- 自分の仕事を頼りにしている、自分の仕事によって助かっている人は誰でしょうか。彼らのような**同僚や仲間**は、直接報酬を支払うわけではありません。しかし、チームへの貢献や自分や仲間のモチベーションなど、総合的な評価に大きく影響を与えることが少なくありません。その場合、同僚やグループ、プロジェクトリーダーやチームメンバーも顧客となります。

・次に自分が所属している**組織の関係者**を考えてみます。その関係者は、自分とどのようなかかわりを持っているか考えてみましょう。自分との接点や影響も考えてみましょう。

・また、組織にとっての**キーパートナー**（アウトソーシング先や提携先）との交流はあるでしょうか。もしかしたら彼らもあなたの顧客リストに入るかもしれません。

・あなたの職場が関係しているもっと大きな**コミュニティ**について考えましょう。近隣の住民や自治体、同業者のグループ、専門家のグループ、社会貢献を行っているグループなどが考えられます。

POINT 顧客は「自分」？

数多くの企業教育の経験の中で、たまに「自分は、人のために働いていない」とおっしゃる方に出会ってきました。この場合、顧客は「自分」と考えることもできます。自分の成長のため、自分の達成感のために頑張れるという思考です。著者は、こうした考え方も良いのではないかと考えています。パーソナルモデルは、必ずしも組織が求める優等生を目指すものではなく、今より良い状況を自らがデザインしていこうという手法なのです。

CASE STUDY

顧客志向の対応を考えてみよう

顧客が求める結果に結びつく、顧客志向の活動が大切だという話をしましたが、自分なら顧客の要望をどう解釈して行動に結びつけられるか、以下の例を用いて考えてみましょう。ここでどのような提案ができるかが、価値提案につながる「主な活動」の記載内容のヒントとなります。

取引先から次のような質問が来たとします。あなたならどう回答するか考えてみましょう（ただし、クライアントの要求は期間内には達成できそうもありません）。

質問：新たに10種類の新製品を3月末日までに納品してほしいのですが、可能でしょうか？　急なご連絡で申し訳ないのですが、よろしくお願いします。

回答例：新製品の在庫状況を確認しましたが、ご希望通りの納品は現状難しいのですが、以下のような対応は可能です。ぜひご検討ください。

- 納期を優先されたい場合は、6種類の製品でしたら3月28日までに納品可能です。
- また、10種類をご要望の場合は、4月10日までお待ちいただければ、納品することができます。

＊顧客は、ただ「できる」、「できない」を聞きたいわけでありません。**あなたならではの提案**があるかどうかがポイントです。

④自分の働きによる価値提案

パーソナルモデルの場合は、価値提案のブロックをValue PropositionではなくValue Provided（＝与える価値）と呼んでいます。ここでは、顧客に対して**「どのように役に立つのか」**を記載していきます。顧客は、自分の働き方やその成果によって何を得ているのか、何を期待しているのかを考えていきます。

企業、チーム、個人のいずれにおいても、ビジネスモデルを考えるうえで、価値提案のブロックは最も重要であると言っても過言ではありません。このブロックは、自分のキャリアを考えるうえでも、たいへん重要な要素となります。

顧客はどのような**お困りごとやニーズ**を持っていて、どんな**解決策**を求めているのか、自分のどんな働き方や成果に対して対価を払っても良いと思っているのか、改めて思い起こしましょう。

記載内容を書き出しやすいように、いくつかの設問をご紹介します。自分に問いながら、書き出してみましょう。

- **顧客を具体的にどのように支援していますか？ その内容を考えてみましょう。**
- **自分は顧客のどのような仕事や課題を助けているのか、考えてみましょう。**
- **自分はそれぞれの顧客に対して、具体的にどのようなサービスを提供していますか？　顧客ごとに検討してみましょう。**
- **顧客のどのようなニーズを満たすことができているか、顧客に提供している価値の本質を追求してみましょう。**

価値提案の内容を導くために、先に検討した「主な活動」を手掛かりにしていきます。自分の行っている活動はきちんと顧客の価値につながっているかを検証していくことが、パーソナルモデルを検討するうえでの要となります。

[図 4-1] 自分の活動は顧客の価値につながっているか？

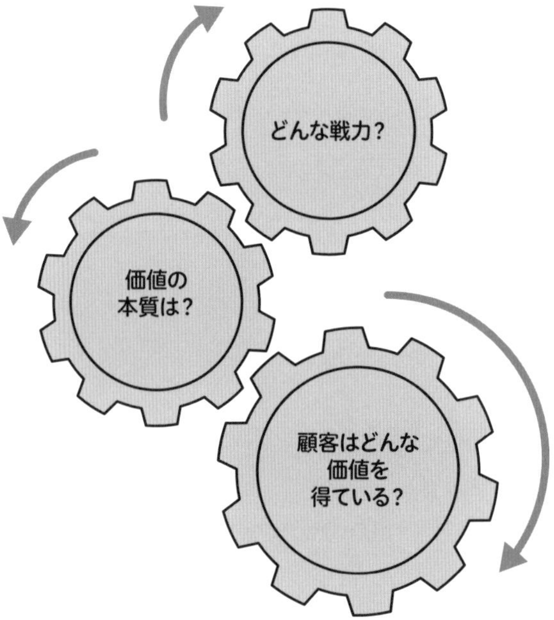

⑤顧客との接点となるチャネル

自分が提供する価値をどのような**タッチポイント（接点）**を通じて認知してもらい、具体的にどのように顧客へ**届けているか**を記載します。

自分を仮に“サービス”だと思って考えてみてください。そもそも価値を知ってもらわないと買ってもらうことはできません。自分が提供するサービスや価値をどうやって顧客に見つけてもらうのか、どんなタッチポイントを通じて届けるかを検討していきます。

一般的に会社に所属している場合は、パーソナルキャンバスのチャネルはあまり意識しないでしょう。ここではせっかくの機会なので、「チャネル」の検討に必要なマーケティングプロセスの5つのフェーズに基づいて考えてみましょう。

①顧客はあなたが何に役立つか、どのように認知するのか？
②顧客はあなたの提供する価値・サービスを購入するかどうか、どのように評価するか？
③顧客はあなたの提供する価値・サービスを、具体的にどうやって購入（決定）するか？
④顧客が購入したものを、あなたはどのように届ける（提供する）か？
⑤顧客が満足するアフターサービスをあなたはどのように行うか？

少し企業内のイメージに置き換えて、わかりやすくご紹介しましょう。顧客が購入したものを届けるチャネルとは、例えば、レポートを提出する、定例会議で伝える、開発したシステムをサーバーにアップロードする、講演会やオンラインでプレゼンテーションする、物理的に車や郵送で届けるなど、いろいろ考えられます。

しかし最初に肝心なのは、そもそもどのようにして**見込み客**が、「自分の存在と提供価値を**認知**し得るか」、という点です。せっかく素晴らしい提供価値を持っていても、誰にも知ってもらえなければ提供することができません。口コミ、Webサイト、SNS、セールスの電話、メールやオンラインのフォーラム、広告なども考えられます。

ただし、いろいろ記載するのではなく、**今注力すべきチャネル**は何かを吟味してみましょう。図4-2を参考に、どのポイントを強化することが効果的かを考えましょう。

[図4-2] どのポイントを強化すべきか

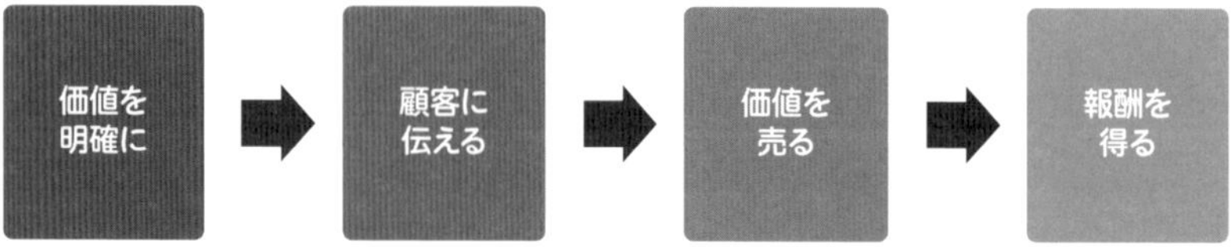

⑥自分の価値を高める顧客との関係

顧客がどんな関係を構築、維持してほしいと期待しているのか、どんな関係をすでに構築しているかを記載します。

顧客と**より良い関係性**を築くことで、自分の提供する価値やサービスの評価も高くなり、最大限の効果を発揮しやすくなります。現状の関係性だけでなく、顧客が潜在的に求めている関係性をよく考えてみましょう。

例えば、直接対面の関係によって築かれた信頼が重要なのか、メールや文章などのコミュニケーションが主体になっているのか、洗い出してみましょう。

また、**一度きり**のサービスなのか、**継続性**のあるサービスなのかによっても維持の方法が異なります。より多くの新規顧客を対象にするのか、既存顧客を維持するモデルなのかも視野に入れて書き出しておきましょう。

⑦協力してくれるキーパートナー

自分を支援してくれる重要なパートナーや、足りないものを補完してくれる協力者、アドバイザーなどを記載していきます。

自分のスキルの活用や価値提案に**欠かせない協力者**を挙げてみましょう。

キーパートナーには、顧客に要求されているニーズを上手に満たせるように専門家として支えてくれる人たちを主に記載しておきます。

また、自分の活動を支えてくれる協力者や足りないものを補完してくれる支援者も考えます。

すべてを１人で担うのではなく、時として信頼できるキーパートナーに助けを求めることも必要です。顧客の満足度を高めるために力を貸してくれるパートナーを見つけることは、パーソナルモデルを最善のものにするために非常に重要です。**同僚やメンター、専門家仲間、家族や友達、アドバイザー**などが該当します。

⑧提供する価値に対する報酬

パーソナルモデルでは、「収入の流れ」のブロックを「報酬（Revenue and Benefits）」と呼んでいます。報酬には、収入源となる金銭的な要素をはじめ、自分の仕事や提供価値に対する**対価**として、何が得られるのかをしっかり記載していきましょう。

顧客は、自分が提供する"何"に対して対価を支払ってくれるかを考えます。対価には、報酬、給与、手当に代表される**金銭面**もありますが、満足感、専門性の開発、社会貢献の感覚など数値化が難しい**ソフト面（心理的要素）**も含まれます。

報酬として考えられるいくつかのバリエーションを記載しておきますので、参考にしてみてください。

- **収入源：給料、契約に基づく報酬、ストックオプション、ロイヤリティ、ボーナス**
- **福利厚生：健康保険、退職金、研修補助、住宅手当、施設利用**
- **心理的要素：仕事の満足度、周囲からの評価、社会貢献、達成感**

大変な仕事をこなさなければならないとき、「相応のお金がもらえるから頑張れる」、という人もいれば、「自分の成長のために必要なステップと考えているから頑張れる」という人もいます。自分が頑張ることで誰かを幸せにできる、ということがモチベーションになるかもしれませんし、感謝の言葉をかけられることで努力が報われる、という経験をしたことがある人も少なくないでしょう。

パーソナルモデルにおいては、この**報酬の考え方をしっかり意識**することが、自分と働き方を見直す特に重要な観点になります。自分にとっての大事な「報酬」、あなたの働くことの喜びとは何か、考えてみましょう。

［図 4-3］報酬の金銭面とソフト面

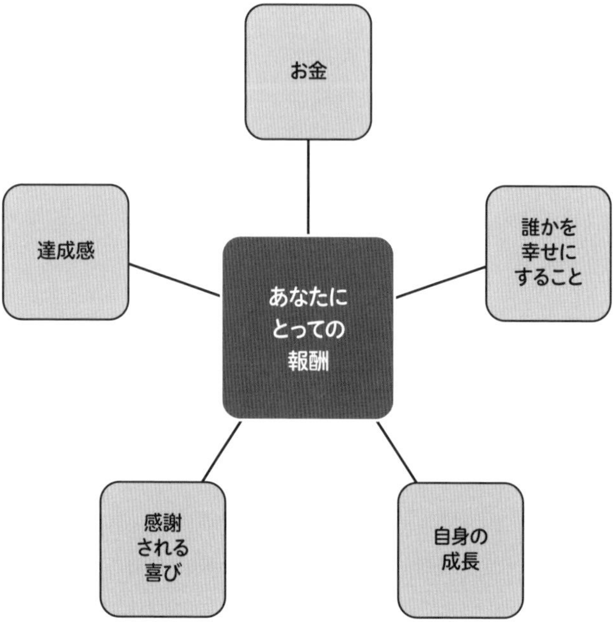

⑨業務のために費やすコスト

パーソナルモデルでは、「コスト構造」のブロックを「コスト（Costs）」と呼んでいます。コストとしては、業務遂行や価値提案のために、何を費やさなければならないかを考えていきます。報酬とは反対に出ていくものや代償を記載します。主に、**時間、エネルギー、金銭**などが当てはまります。

例えば、ある活動のために高い代償を払っていたり、働くために何かを犠牲にしたり、トレードオフとして失っていることはないかを考えましょう（時間、エネルギー、消耗、ストレス等）。

また、業務の特質上、出張が多いとか、経費が増大しているなどのケースもあるかもしれません。

コストには、実際に現金の支出が生じるコストと心理的なコストの両方を入れておきましょう。

いずれも主に個人で負担しているものが該当します。簡単な項目例を挙げておくので、参考にしてください。

- **トレーニングや講習の費用、定期購読費**
- **資格試験の教材費や受験費用**
- **通勤・出張費、交際費**
- **車両、各種機器、仕事用の衣類**
- **インターネット関連費、通信費、交通費、光熱費（自宅やクライアント先、いずれの場所でも）**

また厳密に言うと、「**主な活動**」からもたらされたり、「**キーパートナー**」との関係から生じたりする、相手へのお礼、ストレスや不満などもコストに含まれることになります。

このように、パーソナルキャンバスにおけるコストには、個人的に感じる心理的な負の要素を挙げておくことも必要です。報酬もコストも個々の価値観によって異なりますが、自分が納得できる内容を記載しましょう。

POINT　自己投資もコストの一部

代償や費やしているものとしてコストを考えると、ややネガティブな印象ばかりになりがちです。確かに何かを得る代償として支払ったり、費やしたりしていることにはなりますが、見方を変えれば自己投資という側面も持っています。積極的に費やしている要素も考えてみましょう。

パーソナルモデル検討の流れ

パーソナルキャンバスの要素が理解できたら、次は実際に自分のモデルに着手してみましょう。

パーソナルモデルの検討のおおまかな流れとしては図 4-4 のように、まずは現状を**可視化**してから**改善したい要素や課題**を設定します。次に、目指すべき自分を投影した**目標のパーソナルモデル**の仮説設計をキャンバスで行い、現場で運用しながら検証、修正を繰り返していきます。

［図 4-4］まずは現状の可視化から

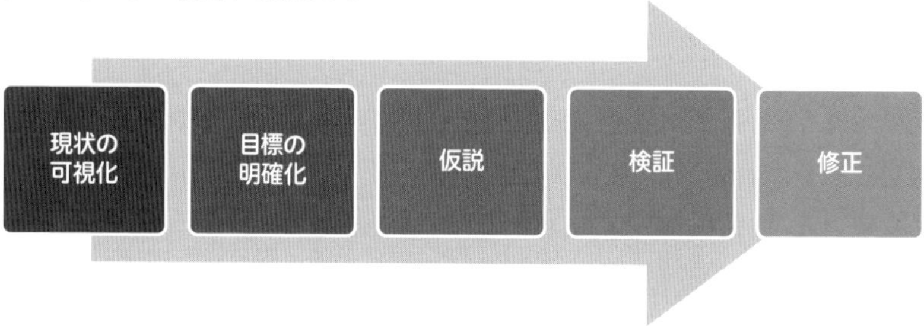

デザインアプローチの仮説・検証の工程は、ビジネスモデルもチームモデルもパーソナルモデルも同じ考え方が基本となります。STEP 1 以降では、具体的な検討方法や仮説モデルの記載方法について、事例を交えて紹介していきます。

COFFEE BREAK　形骸化する自己目標

企業でよく実施される自己目標の作成や数値目標は、ありきたりの内容だったり、スキルや数値のような定量目標を立ててもその実“あいまい”だったり、形骸化していることがほとんどです。また、評価方法としても十分ではありません。今後は、働き方もより多様化し、成果重視型の評価の導入も加速すると考えられます。自分自身の客観的な評価と上司や部下との明確な目標の共有は、今以上に重要視されるようになります。

STEP 1 パーソナルモデルの1st キャンバスを作成する

STEP 1 では、パーソナルキャンバスの作成工程を見ていきましょう。事例を使って実践的な検討手順や考え方を解説していくので、ぜひ一緒に考えてみましょう。

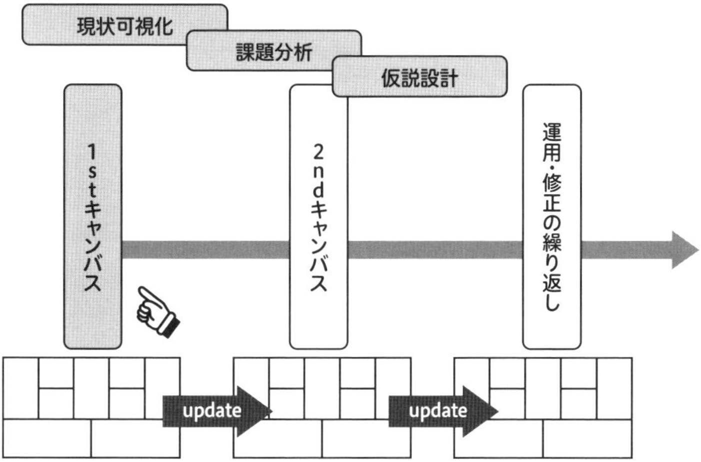

ここからは、事例の人物になったつもりで、一緒に検討を進めてみましょう。まずは、現状の可視化のために 1st キャンバスを書いていきます。

今回、パーソナルモデルを検討している人物の簡単なプロフィールは図 4-5 の通りです。

［図 4-5］パーソナルモデルを検討している人物のプロフィール

プロフィール

鈴木翔太　37歳　男性

電機メーカー　営業企画部社員

現在の部署に配属されて2年目

【業務内容】
営業戦略立案、営業実績の把握・対策、提案資料作成、等

①主なリソースの棚卸し

では、早速自分にどんなリソースがあるのか、棚卸しを兼ねて、洗い出してみましょう。

［図 4-6］関心事やスキルなど主なリソース

主なリソース

- 数字やデータに強い
- コミュニケーションスキル
- 過去の営業経験
- 温厚で我慢強い

現在の営業企画部では、営業の数字の把握や管理を行ったり、四半期ごとに予算を見直したりする業務が多くなっています。幸い、もともと**数字やデータの扱いは得意**で、率先して集計をまとめています。

過去の営業経験もあるため、**広くコミュニケーションをとる**ことができるほうだと思っています。

一方、自分ではやや押しに弱い面があり、自分を抑えてしまうことがあると思っていますが、周りからは温厚で我慢強い人間だと評されることが多いので、主なリソースに加えておきます。

②業務内容を整理しながら主な活動に記載

ひとまず、いつもの業務の中で自分に与えられているミッションや、自分ならではの活動がないか、検討しながら書き加えていきます。

営業企画として、**営業の戦略と支援にかかわる活動**を中心に記載します。営業との会議や毎日当たり前に行う作業やオペレーションは、極力省いて記載しています。十分にできていないと感じている活動も、重要だと認識しているのであれば挙げておきましょう。販促イベントと記載していますが、これはまだ実施に至っていないものです。

③自分にとっての仕事上の顧客とは

ここで、いよいよ自分にとっての顧客をどう捉えるかについて、向き合うことになります。

営業企画の担当としての顧客と、会社に所属している個人としての顧客の**両方の視点**があるので、3つの要素の顧客を記載してみました。営業企画部のそもそものミッションは、現場の営業の支援や個々で解決できない課題を総合的に検討し、**戦略や解決策**を作り上げることです。そこで、まずは営業部と記載します。また、企業人として、自身の**業務評価や安定した給与**を得るために、上司や経営層を記載しました。

［図 4-7］自分ならではの主な活動

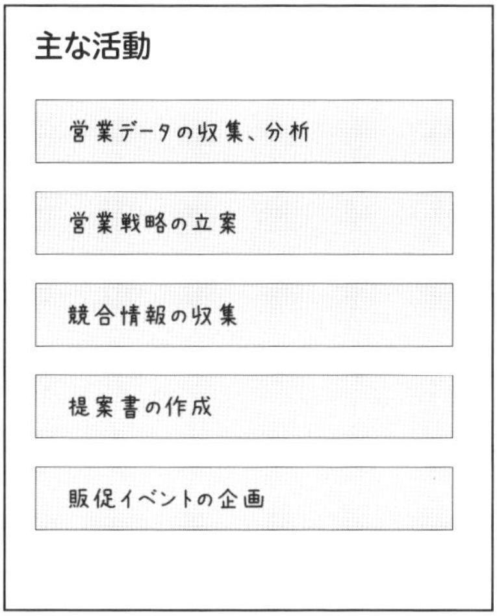

［図 4-8］仕事上、組織上の顧客

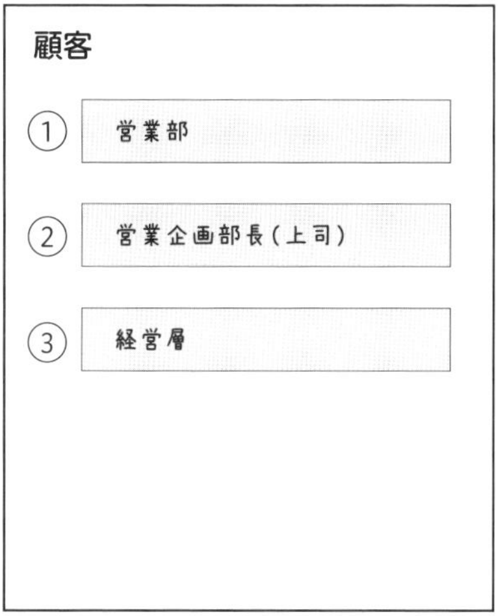

④顧客にどのように役に立つのか

与える価値のブロックには、顧客に対してどのように役立っているのかを記載します。ここでは、顧客のブロックと対比しながら検討しましょう。

[図 4-9] 与える価値

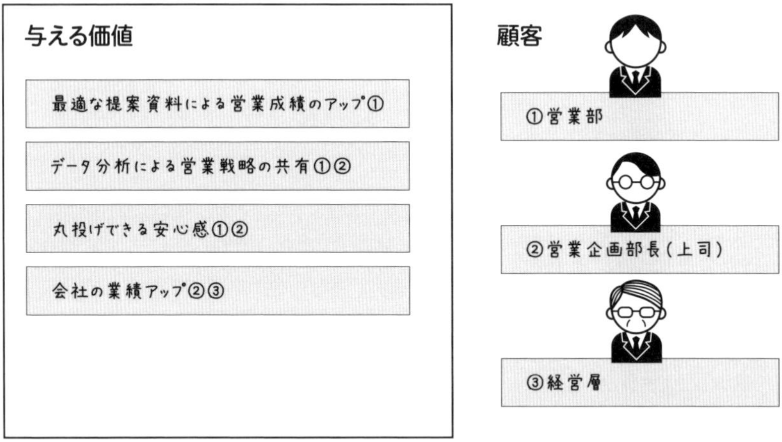

営業部への最も重要な価値提案は、売りやすくて、お客様の課題に最適な**提案資料を営業メンバーに提供**することで、販売を後押しすることです。

また、営業部全体の売り上げデータを分析することや次の戦略を迅速に打ち出すことも求められています。

さらに、上司や営業部からは**何でも頼める安心感**が求められています。

⑤チャネルとコミュニケーションの取り方

チャネル、および顧客との関係をそれぞれ記載していきましょう。

営業メンバーには、営業部の**月次レポートや定例会議**を通じて価値提案を行っています。また、コミュニケーションは**対面やメール経由**で行われることがほとんどです。

営業部門は、地方拠点も含めると各地に複数あるため、物理的に対面する機会は限られているのが実情です。

現在は、最も人数が多く、売り上げ全体に占める割合の多い首都圏の営業メンバーとのコミュニケーションに偏りがちです。

［図 4-10］顧客との関係／チャネル

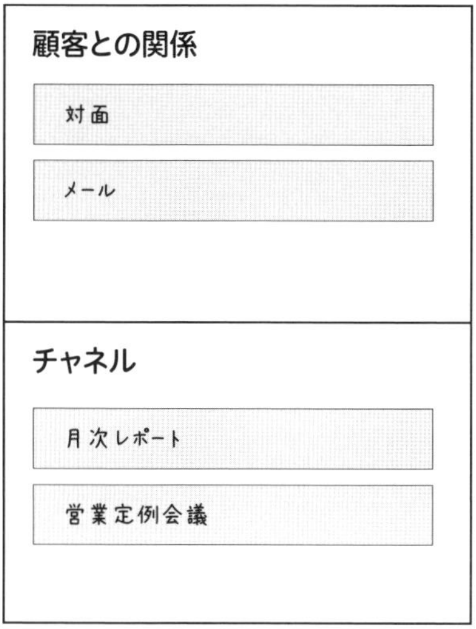

［図 4-11］支援者となるキーパートナー

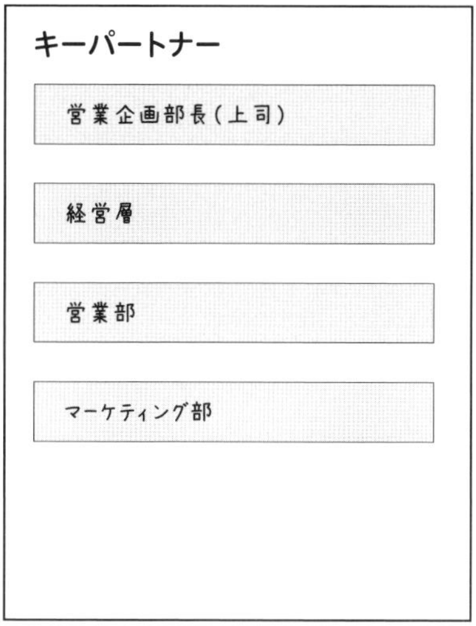

⑥重要な協力者や支援者

キーパートナーには、普段の業務遂行や活動を支援してくれる協力者を記載していきます。

今回のモデルの特性上、ほとんどの**キーパートナーが顧客と重複**しています。上司は顧客であるとともに、他部門との交渉にあたっては、重要な協力者として支援を仰いでいます。

また、経営層は給与にかかわる重要な顧客ですが、営業戦略を共有し承認をもらうためにも、常に足並みをそろえる必要があります。

営業部は、営業データの収集や営業活動自体を任せるため、顧客であり、協業メンバーとしても捉えることができます。

⑦得られる報酬、費やすコスト

報酬には得られるものを、コストには費やすものを記載します。いずれも金銭的なものだけでなく、時間や心理的なものなども含めて検討します。

会社勤めの場合、一番わかりやすい報酬が給与です。安定した給与や会社の業績によって支払われる賞与などが一般的です。

報酬のブロックでは、こうした**金銭的なインセンティブ**に加え、**心理的**

な満足度、**やりがい**などを記載していきます。ここでは、周囲から信頼されていることや営業メンバーの役に立っていることが自身のモチベーションの源泉として記載されました。

一方、コストには常に業界の動向を把握するための情報収集に必要な経済誌や専門誌のコストが記載されます。また、月次レポート作成のための締め日は、データの集計や分析のために残業をすることが多くなっています。さらに、直接の営業部隊ではないものの、業績に対する責任や経営層からの期待もあり、**プレッシャー**も感じています。

［図 4-12］コストと報酬

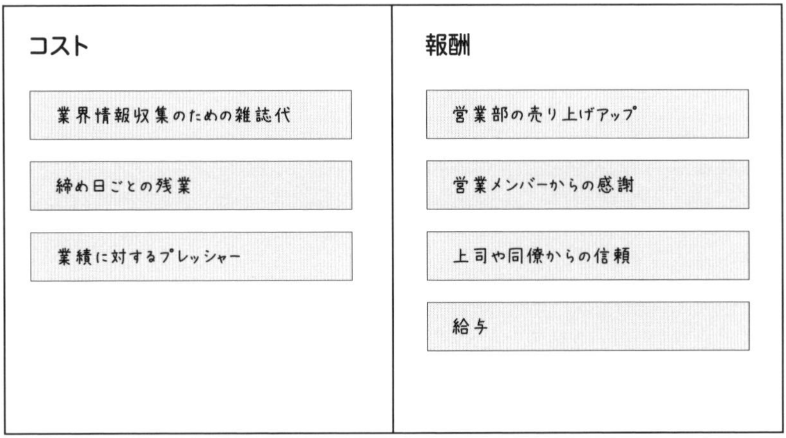

1st キャンバスのまとめ

すべてのブロックをざっくりと埋めたら、キャンバス全体を次の観点で確認しておきましょう。

- 現状について反映すべきことが反映されているか？
- ブロックごとの関連や整合性を論理的に説明できるか？
- 記載はしたが、実際にはうまくいっていない要素や実行が伴っていない要素があるか（問題箇所を見つけたら、マークをつけておく）？

[図 4-13] 作成した 1st キャンバス

営業企画部社員

37歳男性

【業務内容】営業戦略立案、営業実績の把握・対策、提案資料作成、等

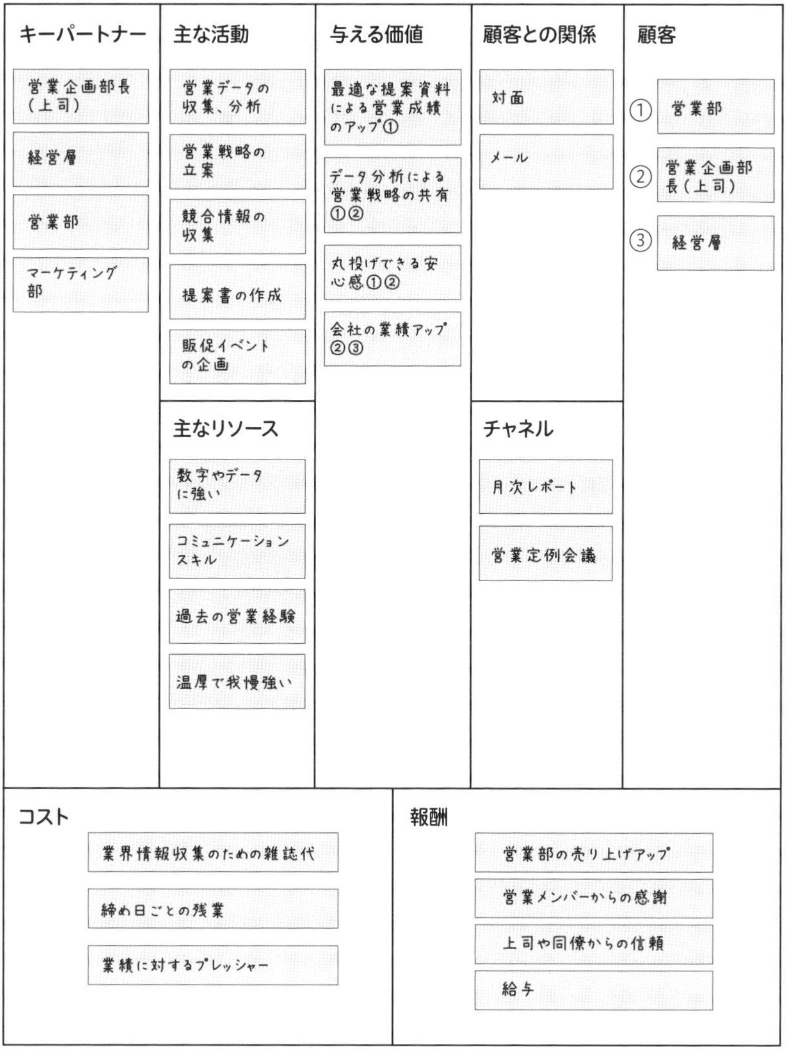

キーパートナー
営業企画部長（上司）
経営層
営業部
マーケティング部
主な活動
営業データの収集、分析
営業戦略の立案
競合情報の収集
提案書の作成
販促イベントの企画
与える価値
最適な提案資料による営業成績のアップ①
データ分析による営業戦略の共有①②
丸投げできる安心感①②
会社の業績アップ②③
顧客との関係
対面
メール
顧客
① 営業部
② 営業企画部長（上司）
③ 経営層
主なリソース
数字やデータに強い
コミュニケーションスキル
過去の営業経験
温厚で我慢強い
チャネル
月次レポート
営業定例会議
コスト
業界情報収集のための雑誌代
締め日ごとの残業
業績に対するプレッシャー
報酬
営業部の売り上げアップ
営業メンバーからの感謝
上司や同僚からの信頼
給与

課題の洗い出し

現状可視化ができた 1st キャンバスを検証することで、見直すべき課題を洗い出していきます。

客観的背景による課題：

・最も重要な顧客である営業部に対して、現状では売り上げ規模や地理的な影響から首都圏営業にばかりフォーカスしてきた。
しかし、今年度から、**首都圏以外の地域**の売り上げを 5%伸ばす方針が出たため、従来接点が少なかった地域に対する施策も強化しなければいけない。

主観による課題：

・最適な提案書の作成を価値提案として挙げているが、どの程度が適切なのか自信がない。
・何でも頼めると思われることはいいが、逆に最近はやや下請け的な依頼が多く、より**価値の高い提案**ができるようになりたい。
・昨今では顧客の動向の把握が、過去の営業経験で得た知見だけでは難しくなってきている。

以上のように、目の前にある課題を洗い出すことで、目的を持って、新たなパーソナルモデルの修正を行うことができます。

パーソナルモデルは通常、以下のような要因により修正や改善が必要になります。

①現状のキャンバスにすでに不具合や不整合がある
②外部の環境変化により、自身も変化を余儀なくされる
③ステップアップや新たなキャリアに挑戦したい

さらにSTEP UP! 自分のキャンバスを語ってみる

キャンバスが完成したら、一度、自分のストーリーをキャンバスを使いながら説明できるか練習してみましょう。ストーリー立てて説明してみると、内容の過不足を見つけやすくなります。

また、キャンバスは自己分析や課題検討のためだけでなく、伝える力を鍛えるためにも活用できます。キャンバス 1 枚があるだけで、自己紹介が非常に簡単かつ伝わりやすくなるので、ぜひ試してみてください。企業間にまたがるプロジェクトや期初のキックオフなどの自己紹介にパーソナルキャンバスを活用することで、ストーリーテリング（自分の業務などを順番に説明）が容易になります。

　また、期初の目標確認などを上長と行う際も論理的でスムーズな議論を行うことが可能になります。昨今のリモートでの会議などでは、こうした可視化ツールの重要性はさらに増しています。

STEP 2

2nd キャンバスで改善モデルを構築する

STEP 2 では、さらにステップアップすることで自分の価値を向上させます。改善モデルを 2nd キャンバスとしてアップデートしていきましょう。

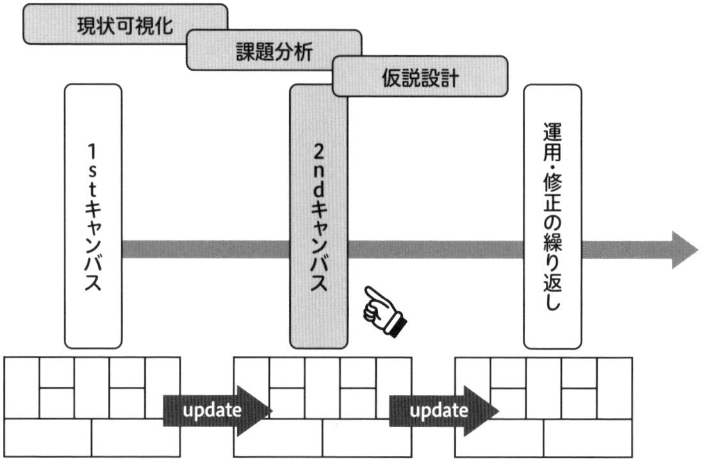

STEP 1 では、現状を反映したパーソナルキャンバスをもとに、どのような課題が存在するかを挙げました。1st キャンバスの作成だけでも、自分の仕事の把握や現状の業務分析などいろいろな**気づき**を促してくれます。

2nd キャンバスは、これから**目指すべき設計図**となる改善モデルをアップデートしながら検討していきます。すべての課題を解決しなくても構いません。ビジネスモデルの構築でもお伝えしましたが、デザインアプローチで進める工程は、**段階的に少しずつ修正**していくことが成功の秘訣です。

課題の中からいくつかピックアップして、自分にとって納得感のある 2nd キャンバスにどのようにして近づけるかをご紹介します。

顧客のゴールの変化にピントを合わせる

ビジネスモデルにおいて、常に配慮すべきなのは**顧客**が**「何に困っていて」、「どんなゴールを目指しているのか」**という点です。顧客の課題が変化すると、必然的にこちらのモデルにも影響が生じます。

では、顧客として重要な営業部のゴールの変化から、自分の課題の改善まで、どのような課題と目的があるのか箇条書きで整理してみましょう。これを手掛かりに 2nd キャンバスを検討していきます。

- **首都圏以外の地域営業の売り上げ5%の向上が新たなゴール。**
- **各営業の下請け的な存在ではなく、営業企画部がもっと営業を積極的に助けられる、より提案型の支援を実現したい。**
- **従来、自分が力を入れてきたのは首都圏営業部であるため、新たに強化すべき地域営業部との連携が少ない。**
- **営業支援に不可欠な提案資料に優位性があるのか不安、また、顧客の動向により別の切り口が必要なのか未知数。**
- **これらの改善により、全体の営業売り上げ拡大に貢献したい。**

POINT 自分の成長を目的としたキャンバスも

顧客の動向にピントを合わせることの重要性は理解できたと思います。しかし、パーソナルキャンバスは、自分の成長やキャリアデザインを目的にすることもあります。必ずしも顧客のデマンドだけを起点にした改善モデルにしなければならないわけではありません。ほかの課題に目を向けて、新たなモデルを設計することもできます。

顧客の声に耳を傾けるのは、言いなりになるということとは違います。顧客の課題の理解と最適なソリューションの提供は、高い評価を得るための近道なのです。

①顧客の細分化

まず見直しをかけるのが、顧客です。今回、改善に向けての最大の課題として、顧客である営業部が新たな目標を持っていることに着目します。

［図4-14］顧客の上位階層と下位階層

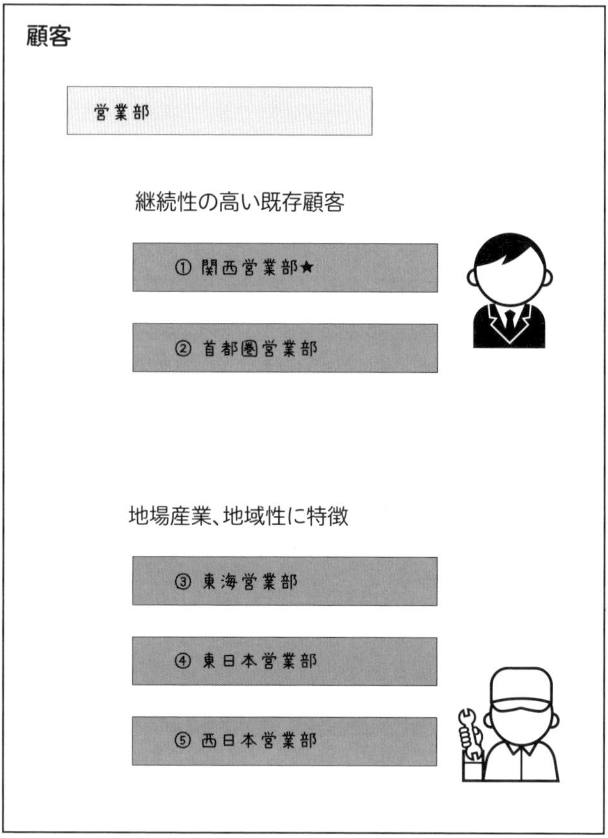

顧客として設定している営業部は、メンバーや地域などを意識せずに全体として捉えているだけです。現在、その中でも首都圏営業部とは比較的密接に連携していますが、各地域を意識した戦略にはなっていません。

そこで、もう一度顧客を**細分化**して検討してみます（ここでは、営業部だけにフォーカスして細分化してみましょう）。

顧客を分析する際は、ビジネスモデル・キャンバスの CHAPTER 1 でご紹介したように、**階層化やグルーピング**することで詳しく読み解くことができます。

営業部全体を上位階層のグループとして考え、その下に 5 つの地域別営業部を番号付けして記載しました。その中で同じような**属性や傾向**を持つ 2 つのグループに整理してみました。

1 つ目のグループは、関西営業部と首都圏営業部です。この 2 つの地域は、**比較的大企業**や本社機能を持つお客様を抱えており、**継続的な契約**に基づく商談が多いという仮説を立てています。

2 つ目のグループに分類した東海、東日本、西日本の各営業部は、規模感などの違いはあるものの、**地場産業**や**地域特性に依存**している状況を想定しました。

そこで、まずは首都圏営業との実績を転用しやすいという観点から、関西営業部を**重点顧客**として注目することにし、星印をつけました。

POINT 特性を理解して段階的にアプローチ

ここでは、首都圏営業部に似ているという理由で、仮に関西営業部を優先顧客として取り上げましたが、お客様の特性を理解しているという強みに注目して、東海などの地域をテコ入れする戦略もあります。ただし、ここでも多くの地域を一気にカバーしようとするのではなく、それぞれの特性や傾向を理解したうえで、段階的に仕掛けを作るのが定石です。

②リソースの過不足を見直す

顧客のターゲットを固定したら、ここでパーソナルキャンバスのスタート地点である**主なリソース**の内容の見直しを行います。

［図 4-15］主なリソースに追加

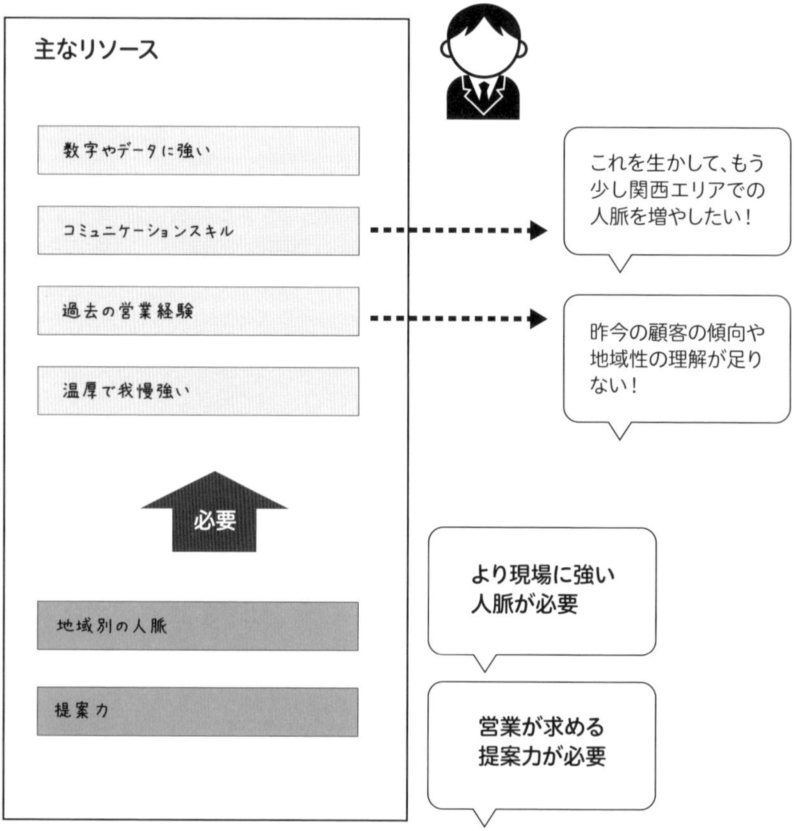

新たに設定した顧客に応えるために、**「自分のリソースが足りているのか」**見直していきます。コミュニケーションスキルは有効だけれど、営業支援に役立つ人脈が必要です。また、今後は売り上げ拡大に追われる営業部をリードできるよう提案力を上げたいため、もっと訴求力のある提案ができるような知見が欲しいのですが、今までの営業経験だけでは顧客の動向を読み切れないという課題が残りました。

③足りないリソースは、主な活動で補う

主なリソースの見直しと並行して行うのが、主な活動のブロックです。前述した通り、足りないリソースがある場合、それを補うために自ら能動的に変えることができるのが、主な活動のブロックです。ここでも、まだ十分に**担保できていないリソースを補完できる活動**を検討していきます。

[図4-16] 主な活動と主なリソース

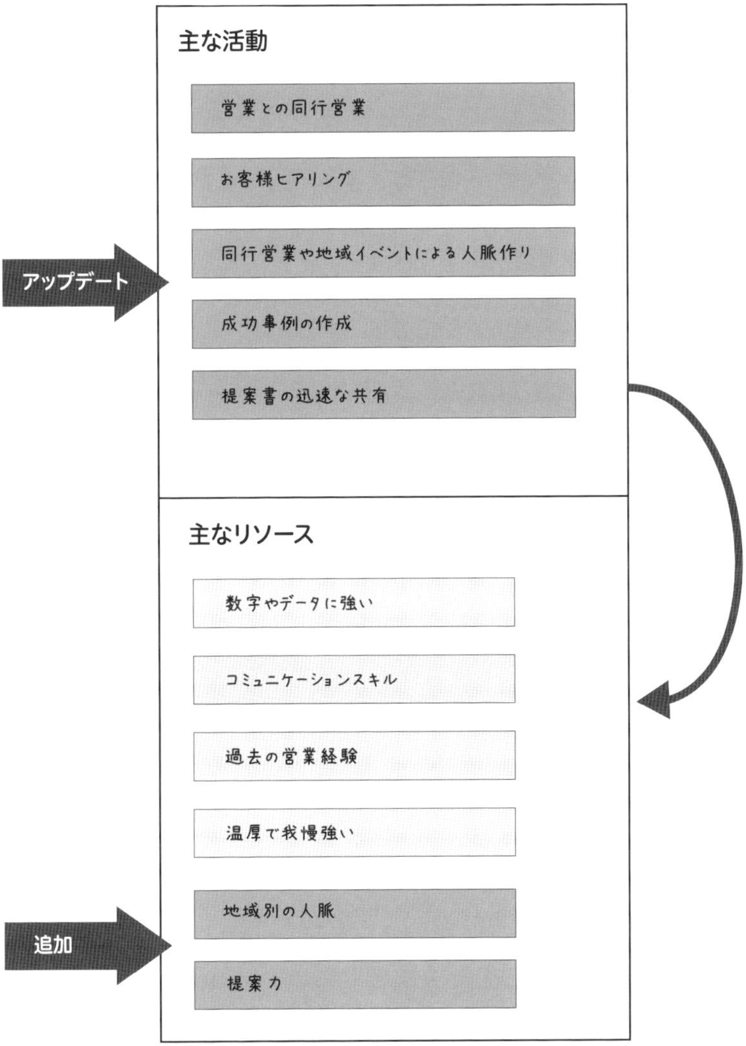

前述のリソースの見直しでは、より高い提案力を目指すうえで、お客様の動向の把握に脆弱性が残ることがわかっていました。

ここでは、以下のような考えに基づき、新たな**活動を加える**ことで足りない**リソースを補完**します。また、顧客の課題解決につなげられる仕掛けを反映することも重要です。

- 営業との同行営業やヒアリングを徹底することで、現場の課題や客先の最新の動向を把握する取り組みが必要。
- 直接お客様に出向く、地域イベントに参加するなど、地域人脈の強化にもつながる機会を増やす。
- 説得力と訴求効果の高い提案をするために、フラグシップユーザの導入事例などをベースに早急に成功事例を作る。
- こうした成功事例のパターンをなるべく早く営業と共有し、公開することを目指す。
- 緊密なコミュニケーションがまだとれていない関西営業部を中心に、しばらくは個別の営業会議にも頻繁に参加し、情報共有を密に行う。

POINT　主な活動をそのままアクションプランへ

主な活動の要素が多くなった場合は、なるべく直近で行うものから優先的に記載します。また、当たり前に行う活動や業務も割愛します。

主な活動の要素に具体性があれば、そのままアクションプランとして使うことができ、自分が取り組む最初の一歩の活動を明らかにできます。実行目標の管理にも活用できるので、具体的で実行可能な活動に分解して記載することがポイントです。

④協力を仰ぎたいパートナー

新たに加えた活動を支援してくれるキーパートナーを記載します。

[図 4-17] キーパートナーの更新

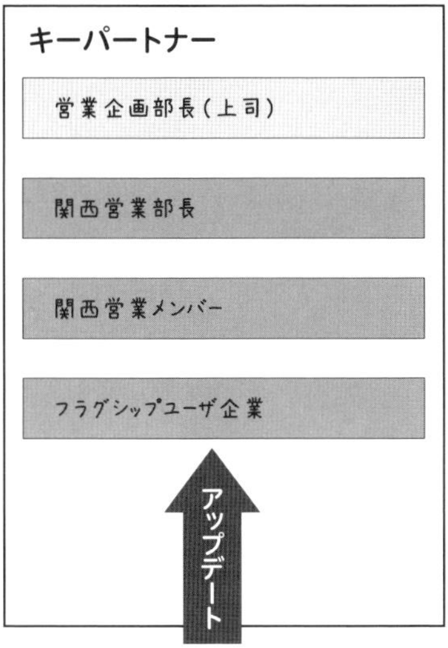

自分の上司である営業企画部長には、新たな活動を理解してもらい、関西営業部の部長に協力を仰ぐ手助けをしてもらう必要があります。また、関西営業部とスムーズなやり取りができるよう、関西営業部長から活動への理解と協力を得ます。

さらに、客先への同行や事例の構築には、営業メンバーとの協業は欠かせません。ここでも、関西営業部は、上長もメンバーも**顧客とパートナーの両方**に記載されます。また、導入事例のサンプルとして協力していただくお客様企業も、パートナーとして記載します。

ここでは、組織名や役職で記載しましたが、具体的な社名、氏名などが明確な場合は、併せて記載しておきましょう。

CASE STUDY

人脈を作るための活動を考えてみよう

新たな人脈作りを目指すための「主な活動」を自分なりに考えてみましょう。自分なら、どんな取り組みで、必要な人脈を獲得しますか？

検討例：

・地域の顔のような立場の人に協力を仰ぐ。
・展示会、セミナーなど集客できる機会を活用する。
・上司や経営層などに紹介を依頼する。
・自治体や公共機関に機会提供を依頼する。
・飲み会などで、地道に知り合いを増やす。

⑤顧客の更新に伴ってチャネルも更新

[図 4-18] 顧客との関係とチャネル

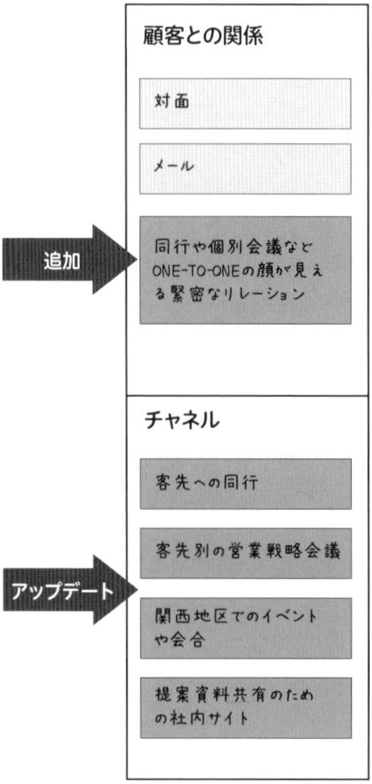

顧客の細分化に伴い、メインの顧客が営業部全体から関西営業部に**シフト**しました。このため、現行のチャネルのままでは、緊密なコミュニケーションがとれません。そこで、**チャネルや顧客との関係をアップデート**していきましょう。

チャネルには、顧客である新たな関西営業のメンバーとの接点を増やすと同時に、地域の動向を把握するチャネルも含んで記載しています。

また、提案資料などを迅速に共有するために、社内サイトなども活用することを想定しています。

顧客との関係においては、基本的に対面を中心としますが、同行営業や客先ごとの会議など、より顔の見える形で相互理解を深め、信頼感を醸成することを目指します。

[図 4-19] 顧客の更新に合わせた価値の修正

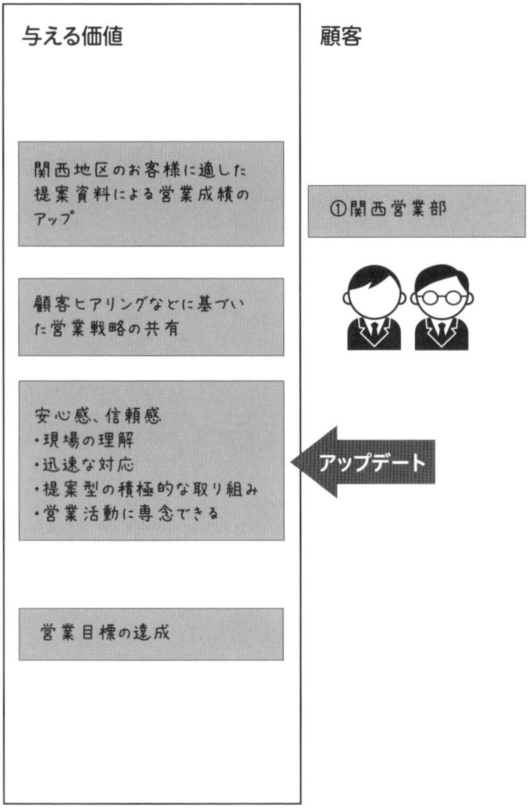

⑥与える価値の再調整

顧客デマンドに対応するための価値提案を改めて調整していきましょう。顧客の**「お困りごと（課題や目的）」**を、どうやって助けるのかを記載します。

与える価値のブロックでは、顧客の視点で何を解決したいかの本質に迫ることが必要です。自分が何を提供することで**「顧客の達成したいこと」**が実現できるのかを見極めます。

簡単に見つけられない場合は、ビジネスモデルの構築でご紹介した共感マップや VP キャンバスを活用して、**顧客のインサイト**の分析を行ってから修正しましょう。

ここでは、営業目標に近づくための施策のいくつかを提供し、関西営業のメンバーに高い評価をもらい、成功を分かちあうための価値を提供したいと考えました。

⑦報酬とコストの見直し

最後に、報酬とコストも見直してみましょう。特に報酬は、**自分の納得感を優先**して仮説を記載していきましょう。

[図4-20] コストと報酬

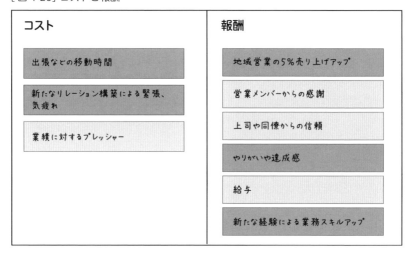

コスト	報酬
出張などの移動時間	地域営業の5%売り上げアップ
新たなリレーション構築による緊張、気疲れ	営業メンバーからの感謝
業績に対するプレッシャー	上司や同僚からの信頼
	やりがいや達成感
	給与
	新たな経験による業務スキルアップ

報酬に追加された要素は、新しい挑戦によるやりがいや達成感です。また、具体的な数値目標がある場合は、数値も明記します。

コストとして追加された要素は、関西をはじめとする出張のための移動時間や拘束時間の増加です。さらに新たな人脈の形成や知らない部署とのやり取りで、緊張や気疲れなどの負担が増大します。

しかし、収支としては、今回のモデルにおいて、負担が増えたとしても、提案型の営業支援ができるようになり業務スキルが向上すれば、十分納得できると考えられます。

全体のまとめ

修正が必要なブロックの記載や変更が完了したら、パーソナルキャンバス全体をもう一度見直して関連性を見ながら、見落としなどもチェックしましょう。

自分が明日から目指すべきモデルとして納得感が感じられれば、**実践に移していきましょう**。

実践にあたっては、まずパートナーに取り組みを表明し、協力を仰いでおくことが必要です。**できるだけ迅速に**「はじめの一歩」の取り組みからトライしてみることが肝要です。

[図 4-21] アップデートされた 2nd キャンバス

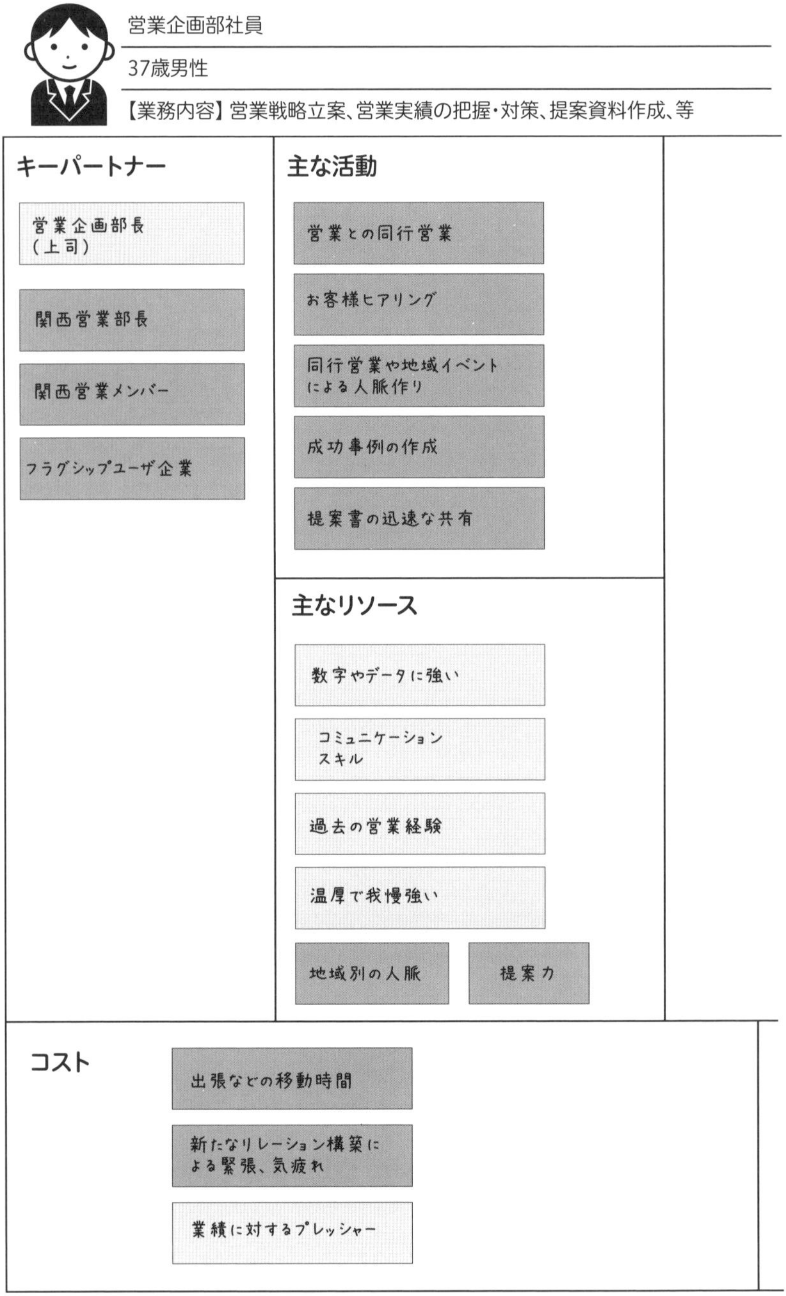
営業企画部社員
37歳男性
【業務内容】営業戦略立案、営業実績の把握・対策、提案資料作成、等
キーパートナー
営業企画部長（上司）
関西営業部長
関西営業メンバー
フラグシップユーザ企業
主な活動
営業との同行営業
お客様ヒアリング
同行営業や地域イベントによる人脈作り
成功事例の作成
提案書の迅速な共有
主なリソース
数字やデータに強い
コミュニケーションスキル
過去の営業経験
温厚で我慢強い
地域別の人脈
提案力
コスト
出張などの移動時間
新たなリレーション構築による緊張、気疲れ
業績に対するプレッシャー

与える価値

- 最適な提案資料による営業成績のアップ
- データ分析による営業戦略の共有
- 丸投げできる安心感
- 会社の業績アップ
- 関西地区のお客様に適した提案資料による営業成績のアップ
- 顧客ヒアリングなどに基づいた営業戦略の共有
- 安心感、信頼感
  - ・現場の理解
  - ・迅速な対応
  - ・提案型の積極的な取り組み
  - ・営業活動に専念できる
- 営業目標の達成

顧客との関係

- 対面
- メール
- 同行や個別会議などONE-TO-ONEの顔が見える緊密なリレーション

チャネル

- 客先への同行
- 客先別の営業戦略会議
- 関西地区でのイベントや会合
- 提案資料共有のための社内サイト

顧客

- 営業部
- ① 関西営業部
- ② 首都圏営業部
- ③ 東海営業部
- ④ 東日本営業部
- ⑤ 西日本営業部
- 営業企画部長（上司）
- 経営層

報酬

- 地域営業の5%売り上げアップ
- やりがいや達成感
- 営業メンバーからの感謝
- 給与
- 上司や同僚からの信頼
- 新たな経験による業務スキルアップ

CHAPTER 4のまとめ

CHAPTER 4では、個人のパーソナルモデルの検討や可視化の基本的な方法をご紹介しました。

働き方が多様化する昨今、チーム力強化とともに個人のワークスタイルと評価は従来とは大きく変わり始めています。一方、ビジネス的な観点では、自分の価値を高め、自分が考えるキャリアデザインの見直しを定期的に行うことは、ビジネススキルとして必要です。論理的なパーソナルモデルの構築は、チーム間の相互理解にとっても、自分のステップアップにとっても、欠かすことのできない要件の1つです。

パーソナルモデルは、一度作成すれば修正や応用を繰り返すことができます。ぜひ、自分のモデルを検討することで、適切な目標に向かって効率的に成果を上げていきましょう。

パーソナルモデル検討を進めるうえでの留意点をまとめてみたので参考にしてください。

パーソナルモデル検討の際の7つの留意点

①はじめは、簡単に自己紹介のつもりで書いてみる。
②自分をサービスや商材と思って、客観的な視点を意識する。
③顧客として誰が一番大事なのか正直に問い直す。
④検討に行き詰まったら、無理せず少し時間をおく。
⑤できれば一緒に相談できる相手を見つける。
⑥職場環境にかかわる課題がある場合は、上司と課題を共有する。
⑦チーム力強化を目的にする場合は、チームメンバーと共有する。

パーソナルモデルの検討や作成において、基本となる手順でご紹介しましたが、自分なりの工夫を加えても構いません。パーソナルキャンバスは、あくまでもツールです。上手に書くことが目的ではなく、より良いワークスタイルの実現やステップアップのための指針とするものです。

少しずつで構いませんが、できることから実行することが重要です。自分を変えるのは、自分の一歩しかないことを肝に銘じておきましょう。

CHAPTER 4でご紹介した基本的なパーソナルモデル検討の項目を挙げておきます。

パーソナルモデルの検討における作業プロセスの確認

□ 1stキャンバスによるドラフト作成
□課題や問題となる項目の抽出（目標、ゴール設定）
□顧客セグメントの細分化（見直し）、その他課題に関連して修正を伴うブロックの検討
□ 2ndキャンバスへアップデート
□少しずつ実際の現場で試してみる
□必要があれば、アドバイスをもらったりやり方を変えてみたりする

図 4-22 では、ブロックごとに、検討が必要な観点や記載要素を導くための質問などが箇条書きになっています。

［図 4-22］パーソナルキャンバス（チェック項目早見表）

キーパートナー
(Key Partners)

カギとなる協力者たちは誰？

- あなたが顧客に価値を提供するときにあなたを助けているのは誰？
- それ以外にあなたを支援しているのは誰？　どのように？
- 誰かキーパートナーの中で、あなたのために主なリソースか主な活動を供給している人はいますか？

主な活動
(Key Activities)

あなたならではの大事な取り組みは？

- 日々あなたが行っている、2～4つの重要な活動（他者の仕事と識別できる）ものは何でしょうか？

主なリソース
(Key Resources)

あなたはどんな人？どんなリソースがある？

- あなたが最も興味のあることは何ですか？
- 自分の性格をどんな風に表現できるでしょうか？　仕事において、そもそも人とかかわることが好き？／情報やアイデアを出すのが好き？／身体を使うことや屋外での仕事が好き？
- あなたの主な能力（持って生まれたもの）とスキル（経験と訓練で身につけたもの）について説明すると？

コスト
(Costs)

何を費やす？

- あなたは仕事において何を与えていますか？　あるいは働くために何をあきらめていますか（時間、エネルギー等）？
- どの主な活動が最も高い代償を必要としていますか（消耗する、ストレスが多い等）？
- あなたの仕事で高い代償があるものをリストアップしてください（出張、その他経費等）。

一度にすべてのブロックを書き終えなくても構いません。思いついたところから記載していきましょう。

与える価値
(Value Provided)

どう役に立ちたい?

- あなたは顧客を具体的にどのように助けていますか?
- あなたは顧客の何の仕事を助けていますか?
- あなたは各顧客に対し具体的にどんなサービスを提供していますか?
- 顧客のどんなニーズを満たしていますか?
- 顧客に提供している価値の本質を説明してください。

顧客との関係
(Customer Relationships)

どう顧客とかかわり、接する?

- あなたが助けている顧客と、どのようにかかわりを持っていますか?
- 顧客はどのような関係性をあなたが築き、維持していくことを期待していますか?

チャネル
(Channels)

**どう知らせる?
どう届ける?**

- 顧客はあなたをどのようにして見つけますか?
- 具体的にどのように(チャネルを通じて)あなたは提供する価値を届けていますか?
- チャネルは誰が所有していますか?　あなた?　それともあなたの会社?

顧客
(Customers)

**誰の役に立ちたい?
誰のためになりたい?**

- 日々仕事で、直接的にも間接的にも誰を助けていますか?
- 誰が最も重要な顧客でしょうか?

報酬
(Revenue and Benefits)

何を手に入れる?

- あなたの顧客はあなたの何の支援に対して喜んでお金を払うと思いますか?
- 顧客は今、何の支援に対してお金を払っていますか?
- あなたが得ている報酬や手当について説明してください(満足感、専門性の開発、社会貢献の感覚やその他を含めてください)。

CHAPTER 5

ケース別
キャンバス活用例

OVERVIEW 目的に応じて組み合わせたキャンバスの活用

CHAPTER 5では、ここまで企業、チーム、個人を対象に検討してきたビジネスモデル・キャンバスを組み合わせた活用方法をご紹介します。

［図 5-1］ビジネスモデルの関係性

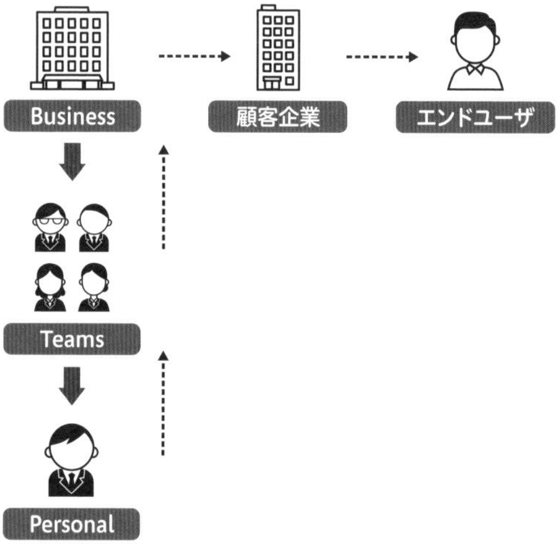

ビジネスモデル・キャンバスはとても**シンプルで直感的**なため、一度覚えるとたいへん使いやすいツールです。また、新規ビジネスにかかわるビジネスパーソンにとってのスタンダードツールと呼ぶ方も少なくありません。

しかし、実際に活用しはじめると、シンプルなだけでなく、実に奥の深いツールであることがよくわかります。特に、ビジネスモデルに関連する**スキームや組織の成り立つ仕組み（システム）**の理解に適しています。

キャンバスは自分たちのビジネスモデルの**外部**に連携する顧客企業のモデルや、上下に位置付けられる社内のモデルと大きな影響を与え合うことは、すでにチームモデルやパーソナルモデルの紹介の中で触れました。

図 5-1のように、検討対象のモデルがどのような位置付けなのかを理解することで、より高度な検討と活用が可能になります。活用次第では、**企業や組織が抱える様々な課題**に対応できるものです。

イノベーション人材を育成する

そもそも、新たなビジネスを成功させるには、**“人材の教育”**、**“人の意識改革”**が必要だとおっしゃる企業がほとんどです。サービスを創り出し、停滞しているビジネスを新たに変えていくには、どうしても取り組みを推進できる人材の育成がその基盤になることは言うまでもありません。

従来、企業はなるべく多くのメンバーと融和し、突出した行動を起こさない人材を（意識していたかどうかはともかく）作り出す傾向にありました。結果として、言われたことは律儀に実践するが、自分で能動的・自発的に動ける人材が育っていない状況に頭を抱えているのではないでしょうか？　著者が、本書でご紹介しているデザインアプローチで実践する、仮説検証型のビジネスプロセスを推奨する理由はそこにあります。

アイデアを刺激し合う

まず、ビジネスモデルを構築したり、顧客の意識に乗り移ったりと、いつもの現場の作業とはまったく異なる**創造的な作業**にいきなり取り組むのは、なかなかハードルが高いものです。

そのため、共通言語が話せる人材を育てることから始めます。例えば、キャンバスの研修やワークショップで、活用できる人間を少しずつ育成します。または社内起業を推進し、こうした検討方法に触れる機会を増やしていきます。昨今お勧めしている手法の１つが**「アイデアソン」方式での事業開発**です。社内の公募などで有志を集めてもいいし、グループ企業間でグループシナジーを醸成する人材作りを行うのも有効です。

社内外の交流は、組織の閉そく感を打ち破る特効薬

さらに、最も成果の上がるワークショップやアイデアソンは、**パートナー企業**や**取引先**との間で行う**他流試合方式のグループワーク**です。

自分たちとは経験や価値観の違うメンバー間でディスカッションすることで、自分たちだけでは発想できなかったアイデアが生まれ、より多くの気づきを得ることができます。また、プロジェクトの進行に合わせ、より現実的な**企業間のリレーションが構築**され、それぞれの得意分野を掛け合

わせたビジネスモデルの構築も現実的に考えられるようになります。

こうした普段なじみのない**異文化の人とのコミュニケーション**や企業間での検討にも、キャンバスのようなフレームワークは非常に有効です。検討時間を短縮し、経験や業界の異なる背景を持った人間同士でも**意思の疎通**を容易にしてくれるメリットがあります。

アイデアソンと言っても、アイデアの新しさを競うもあり、ビジネスコンペのようにビジネス化を目指すもよし。いずれにしても、こうした**「考えさせる動機」**や**「気づきを与える教育」**という機会を多く提供することが、組織や社内の活性化には一番重要だということです。

ここからは、今までご紹介してきたいくつかのツールや手法の組み合わせで、企業で起こりうるケース別に検討事例をご紹介していきましょう。

COFFEE BREAK

キャンバスを社内の昇格試験に

まさにこの原稿を執筆中に、ある大手企業の昇格試験の審査に同席させていただきました。自部門の課題分析とその解決策を１枚のビジネスモデル・キャンバスで紹介したうえで、自部門の改善モデルを役員にプレゼンするという流れです。この会社では、社長を含め役員もビジネスモデル・キャンバスを理解しており、昇格の登竜門として、課題提起とその解決策のオリジナリティを評価するとのことでした。多くの出席者は、「ビジネスモデル・キャンバスを導入したことで、明らかに論理性の高い議論ができるようになったうえ、対象者の論文やプレゼンのシナリオのレベルも上がった」と口をそろえておっしゃっていました。逆に、評価者がフレームワークを理解することも重要です。そうすることで、アドバイスが主観だけに頼らない、的確なものになります。

個々の就業経験やリテラシーにかかわらず、経営層の求める論理的な課題分析とその実践方法を検討する手法として、ビジネスモデル・キャンバスが上手に取り入れられている企業を目の当たりにして、新規ビジネスや知識として学ぶだけではもったいないツールだということを“声を大にして”申し上げたいと思います。

既存ビジネスから脱却するためのキャンバス

CASE 1 では、百貨店の新規サービスを例に、既存ビジネスとは異なるサービスの構築にビジネスモデル・キャンバスを活用してみましょう。

既存のビジネスの**賞味期限が切れ始めている**、長年慣れ親しんできたビジネスモデルが成り立たない、と感じられる業界は非常に多いと思います。特に最近は、従来安泰と思われていた企業にも変革の波が否が応にも押し寄せ、様々な取り組みに挑戦せざるを得ないというのが本音なのではないでしょうか。

「モノ」指向からの脱却

著者は、本当に多くの企業の皆様のビジネスにかかわってきましたが、ほとんどの企業が必ずと言っていいほど陥りやすいのが、**「モノ売り」の発想**です。

近年、世界的な市場競争は、「モノ」の価値ではなく**顧客の「体験」**に軸を移しています。どんな企業も、顧客デマンドへのソリューションなくしては成功することができません。

頭ではわかっているようでも、実際には「良いモノなら誰でも買うだろう」とか「モノを見れば購買意欲がわくだろう」という思いが、心のどこかに染みついているのです。

誤解があるといけないので、少し丁寧にご説明します。確かに誠実で高品質の商品は、たいていの人が欲しいと思います。特に「モノ作り」をビジネスにしている場合は、これが一番の収入源であることは変わりません。

しかし、顧客の立場にたってみると、最高品質とまではいかないが値ごろ感がうれしいとか、シンプルさを重視したいので品質はそこまでで求めていない、という場合もあります。

また、仮に品質が決め手になるビジネスの場合も、実はお客様自身が高品質だと思うのは、**「エビデンスがあるから」**とか、**「評判がいいから」**など、いずれも**「顧客体験」にその価値がゆだねられる**ことがほとんどです。

つまり、既存の概念から脱却するためには、物理的な「モノ」にこだわるのではなく、それを顧客に納得してもらう「サービス（モノも含めた**顧客の満足度**）」に注目する必要があります。

ここでは、百貨店の新規サービスを例に、既存とは違う考え方、特に顧客志向に基づいたサービス構築についてご紹介していきましょう。

①テーマの整理

ビジネスモデルをキャンバスで議論する場合、メンバーと検討内容のすり合わせをしておくと便利です。ここでは、「ビジネス整理シート」をご紹介しておきますので、参考にしてみてください。

［図 5-2］ビジネス整理シート

テーマおよび概要
【テーマ】記念日お知らせサービス
【概要】 家族や友人の記念日を登録することで、事前にお知らせを配信。また、最適なプレゼントの提案によって、贈り物の購入や配送手配などを提供するサービス。 金額に応じた割引あり。宅配・店頭お渡し選択可。 登録内容は、記念日、相手との関係性（家族・友人・パートナー等）、プレゼント予算額、他

このビジネスを検討するうえで、ポイントとなるキーワードを記載しておきます。

キーワード　※特に重要なものにはマーク（「★」など）を入れるなど明記してください。		
大事な家族や友人	店舗に行く必要なし	忘れたくない
面倒はいや	選べる	

百貨店では、従来の店舗に依存した販売から脱却するサービスが求められています。オンラインでの通販も一般化しましたが、やはり店舗をネットに変えただけでは目新しさに欠けてしまうため、新規サービスの開発が求められています。

今回は、図 5-2 のシートにあるように、記念日のリマインドによって贈り物需要に結びつけるサービスを検討していきましょう。

② 1st キャンバスによるたたき台

テーマの共有ができたら、早速 1st キャンバスで簡単な**たたき台**を作成していきます。ここでは、ざっくりと**全体イメージ**をメンバーで**共有**できることが目的です。ビジネスとしての脆弱性は徐々に解消させていきます。

POINT 意見の発散と収束

既存ビジネスに対して、改善したり新たなサービスを開発する場合は、検討メンバーの意識や考え方にばらつきが生じることが多くなります。こうした意見は、力任せに集約するのではなく、採用しない意見も別の機会に活用できるよう拾っておきます。ただし、いろいろなアイデアを全部取り入れるのは、ターゲットが希薄になったり、オーバースペックになるためお勧めできません。

新規モデルの構築は、意見の「発散」と「収束」を繰り返しながら、より脆弱性の少ないモデルにアップデートすることが基本です。また、仮説が最終的な正解になることも稀です。そのため、検討経緯や現状の仮説の背景などを必ず可視化し、別の仮説に戻ったり、後から加わったメンバーにも適切に状況把握してもらえるような記録を残しておくことが必要です。

1st キャンバス作成では、次のような点に留意しておくと良いでしょう。

①既存のお客様や既存の商流とは切り離して、まったく違うサービスとして考える。

②顧客セグメントには、なるべく具体的な動機別の顧客や典型的なイメージの顧客を想定しておく。

③時間をかけすぎず、ひとまずざっくりとした全体像を早く全員で共有する。

［図 5-3］記念日お知らせサービスの 1st キャンバス（例）

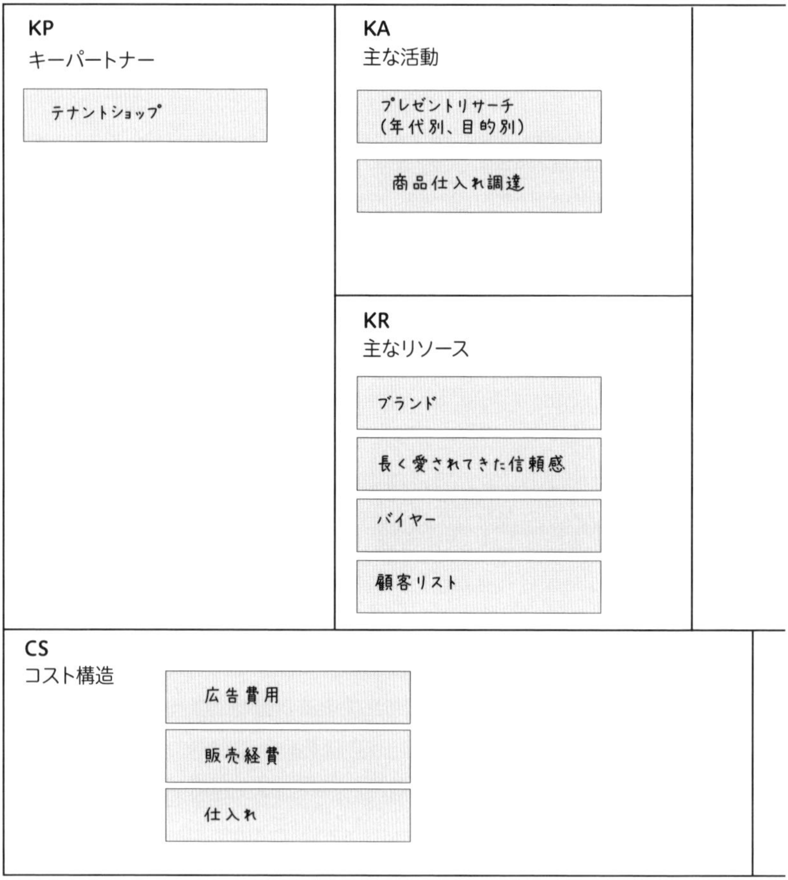

VP
価値提案

- 高品質①③④
- 洗練されたセンス②⑤
- 記念日を忘れない①②③
- 履歴から今まで贈ったプレゼントがわかる①⑤
- プレゼント選びの悩み軽減①～⑤
- 買いやすさ（記念日を登録することでプレゼント購入費用の割引が受けられる）①②④⑤

CR
顧客との関係

- 対面
- ホームページ
- メール
- ポイント制度

CH
チャネル

- ホームページ
- 店舗

CS
顧客セグメント

① 両親の記念日にプレゼントを贈る人
② パートナーの記念日にはちょっと高価なプレゼントをしたい人
③ 大事な人の記念日を忘れる人
④ 孫が可愛い祖父母
⑤ 取引先と交際の多い社会人

RS
収入の流れ

- 販売代金
- 年会費（¥500）

③ターゲット顧客の設定

次に最も重要となるのが、顧客セグメントのターゲットの考え方です。

[図 5-4] 顧客セグメントの優先度

優先度	顧客セグメント	ニーズ
高 1	パートナーの記念日にはちょっと高価なプレゼントをしたい人	・喜ぶものを贈りたい ・プレゼント選びの手間を楽にしたい
2	両親の記念日にプレゼントを贈る人	・前とかぶらない贈り物をしたい
3	取引先と交際の多い社会人	・最適なものを贈りたい ・義理を欠きたくない
4	大事な人の記念日を忘れる人	・忘れずに祝いたい ・面倒はいや
低 5	孫が可愛い祖父母	・良い贈り物をしたい

1st キャンバスで洗い出した顧客セグメントのターゲットについて、**優先度**を検討していきます。1st キャンバスに挙がっている顧客セグメントは、どれの優先度を高く設定しても、様々な可能性のあるモデルを構築することができます。

ここでは、まずパートナー向けに少しリッチなプレゼントを検討している人をメインターゲットにしています。以下に、検討の経緯で出てきたいくつかの仮説を示しておきます。

- 孫にお金をかける祖父母は一見優良顧客だが、祖父母の年齢層を考慮すると、既存の百貨店店舗との親和性がそれほど悪くない。実店舗での囲い込みからネットへ誘導するほうが効果的なのでは？　アプリやネットとの親和性を重視する新規サービスに、あえて初期のフェーズで取り込むことに注力しなくて良い。

- 記念日を忘れないようにお知らせするサービスを強化する場合は、忘れやすい人の優先度を上げるべき。

- 記念日のリマインドだけでなく、プレゼント購入までの一連のプロセスを売りにするなら、購買意欲が高い顧客から優先度を高く設定する。

- ビジネスが第２フェーズに入った場合は、顧客層のすそ野を広げ、潜在顧客を増やすために、違う顧客にフォーカスを移すことを前提とする。

- 顧客セグメントとして、ネット購入に抵抗感が少ない層から取り込み、まずは早期のスモールスタートをゴールとする。

POINT　本来目指すべき姿に集中する

既存ビジネスから脱却するために立ち上げたプロジェクトの検討で最も生じやすい課題の１つに、「現行の商流」や「既存の顧客営業への配慮」をどうするかというものです。既存ビジネスを変革するためのモデルや新天地を検討するための議論は、なるべく**現状に縛られない**ことをあらかじめ検討メンバーと共有しておきます。乱暴な極論ですが、ひとまず現状のしがらみを一切配慮しません。**「本来目指すべき姿」**がどこにあるのかに集中することが、最初に越えなければいけないハードルとなります。

④顧客インサイト分析

顧客の潜在的なニーズを確認するための顧客インサイト分析を行います。

［図 5-5］「個客」の典型的なイメージのペルソナ

【氏名】	佐藤翔太
【年齢】	33歳
【住所】	埼玉県
【家族構成】	妻（新婚）
【世帯年収】	800万円
【趣味】	サッカー観戦
【背景】	新婚１年、妻の誕生日や結婚記念日などにはプレゼントを贈って喜ばせたい。妻は、こだわりのあるほうなので、プレゼント選びには苦労している。結婚したことで、知人や恩師などへの贈り物なども恥ずかしくないようきちんとしたいと思っている。

CHAPTER 2 でもご紹介しましたが、できるだけ具体的なターゲット「個客」の**典型的なイメージ**を**ペルソナ**として活用していきましょう。ここでは新婚の夫を対象にした分析になっています。

既存のビジネスモデルと異なる取り組みを行う場合、顧客志向を徹底することは、メンバーのマインドセットを変革するうえで最も重要です。

検討メンバー全員が、**プロダクトアウト**（社内の事情や背景から語る）志向から脱却し、**顧客志向**で語れるスタンスが**常態化**しなければ、なかなかうまくいきません。

自分たちの顧客理解はまだまだ足りていないと感じた場合は、**共感マップ**などを活用して、顧客の思いや意識を**可視化する習慣**を身につけましょう。

［図 5-6］共感マップによる顧客インサイト（検討例）

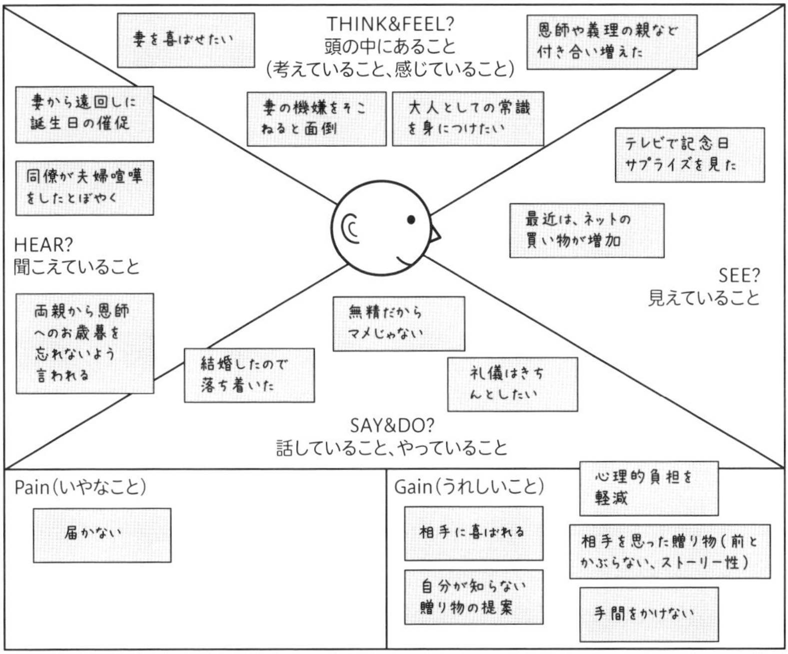

共感マップでは、自分たちの想定しているお知らせサービスにどんな要求を持っているのか記載していきましょう。特に注目してほしいのは、「**Gain（うれしいこと）**」です。Gainには、仮に記念日お知らせサービスがあったら、どんなサービスを使いたいと思うかいくつも列挙します。

POINT ペルソナにピンと来なければ……

1人のイメージだけでピンと来ない場合は、何人かのペルソナを準備します。また、「個客」への理解が浅い場合は、共感マップを持参し、メンバー以外の人やお客様に近い人物にヒアリングをしてみると気づかなかった意見をもらうことができます。同じメンバーで議論していると視野が狭くなりがちで、同じ落としどころを無意識に目指してしまいます。なるべく多くの意見を聞いてみると客観性が出てきます。

共感マップで明らかにした「個客」が要求する仕様のイメージを、具体的なサービスメニューにマッピングするためにVPキャンバスを活用していきます。

［図5-7］記念日お知らせサービスのVPキャンバス（検討例）

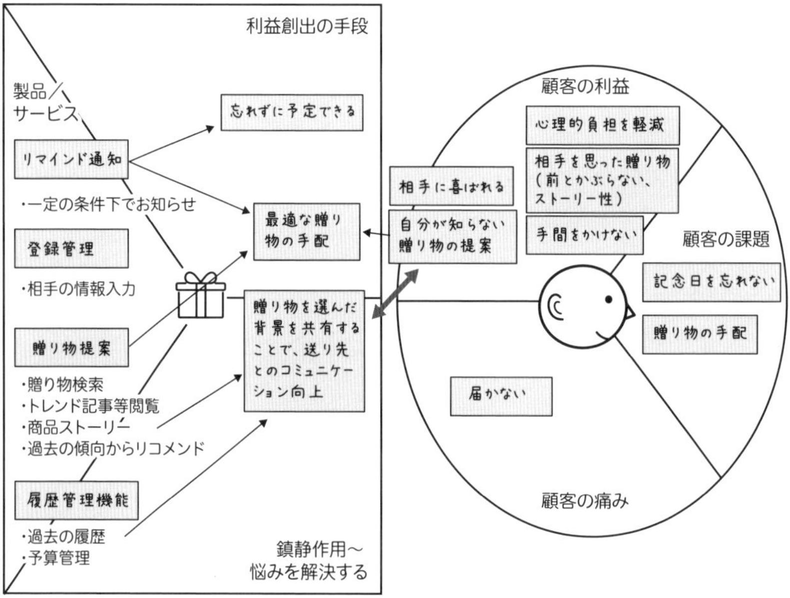

VPキャンバスの右半分（顧客側）は、共感マップを検討することでほぼ完成します。**左半分**の**自分たちのサービスの機能やメニュー**は顧客デマンドに照らし合わせて、建て付けを検討していきます。

ここでは、当初想定していた記念日の通知機能と贈り物の検索機能をベースに、もう少し差別化できる機能がないか検討していきます。

この検討例では、**「贈り先に喜んでほしい“個客”」**に訴求できる観点として、以下のような点に留意して機能を追加してみました。

・ただ贈るのではなく、贈り物のバックストーリー（どんな原料でどんな生産方法にこだわっているか）が贈り物の付加価値を上げる。
・選んだ背景などを共有することで、こだわりの贈り物（ただモノを贈るのではなく、気持ちを贈る）を通じて話題も提供。
・相手とのコミュニケーションに役立つ。

これらを踏まえて、いったん記念日お知らせサービスの機能概要をおおまかに以下のように想定します。

①登録管理：
自分の情報、送り先の情報、記念日など属性情報の登録
②記念日ごとに、設定したメールアドレスやアプリ経由で通知
③記念日や属性情報､過去の履歴などから贈り物のリコメンド(検索、リコメンド、トレンド情報など併用)
④提案した贈り物のこだわりやバックストーリーの閲覧

なお、VP キャンバスの詳しい使い方については、CHAPTER 2（STEP 2）を参照してください。

⑤ビジネスモデルのアップデート

VP キャンバスの検討から得られた内容をビジネスモデル・キャンバスに反映して、全体のモデルを構築していきます。ビジネスモデルとして全体が成立するか、**実行可能**かなどの観点で検討します。

［図 5-8］アップデート後の 2nd キャンバス（検討例）

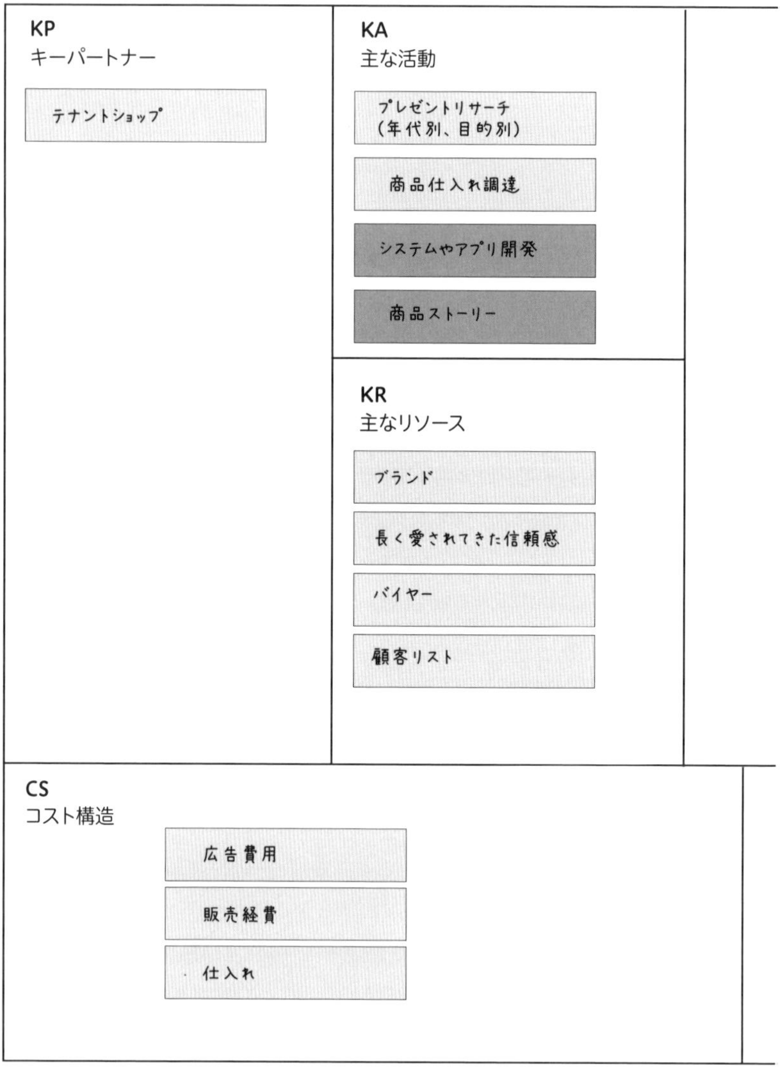

変更箇所は、**違う色の付箋紙**で記載されています。主な変更は、価値提案の更新とそれに伴って必要となった実装機能の追加のための主な活動です。また、なるべく多くの潜在顧客を取り込むために、年会費を初回購入で返金するなど、課金の要素にも変更を加えています。

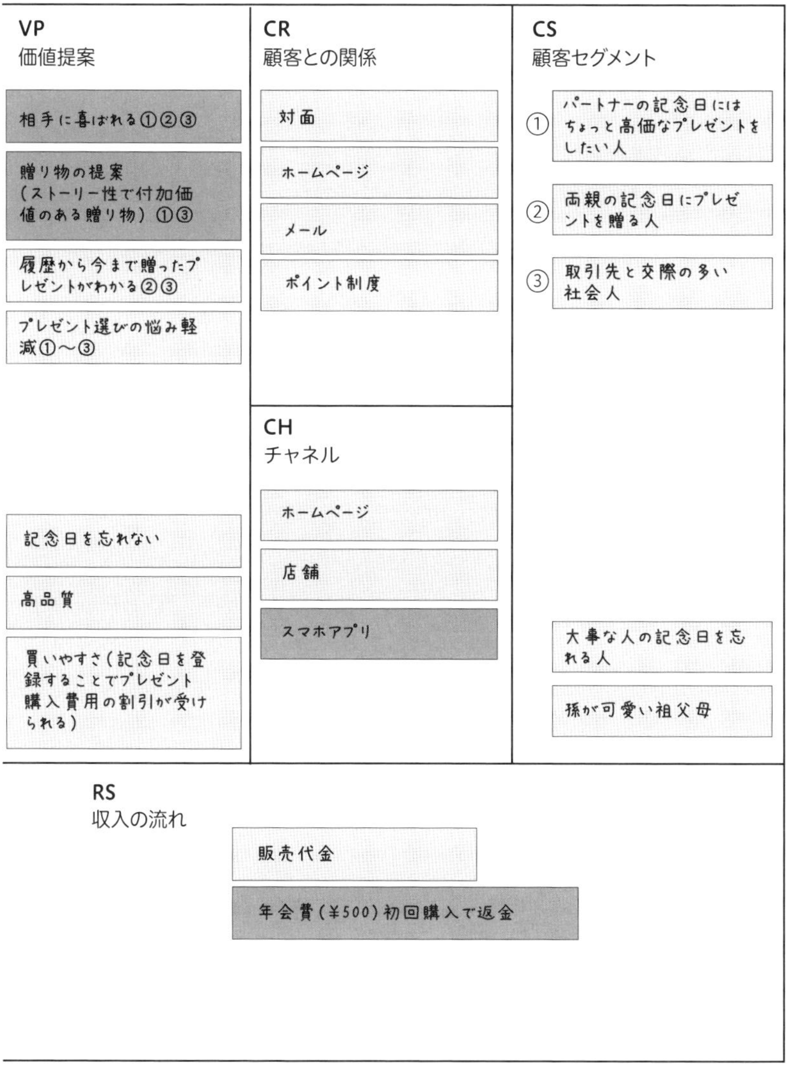

⑥新しいビジネスモデルの提案

ビジネスモデルの構築は、常に仮説・検証と修正の繰り返しです。本来は、顧客分析の検討以外にも、競合情報や市場調査などを踏まえた**外部環境分析**、さらに**顧客へのリサーチ**などもう少し脆弱性を解消するための検討とモデルの修正が伴います。

ここでは、詳細は少し割愛して、こうした新規のビジネスモデルを提案するために重要な要件をご紹介しておきましょう。

せっかくメンバーが、ビジネスモデル・キャンバスでの議論ができるようになっても、上司や上層部の理解が得られないと先に進みません。そこでここでは、**稟議や提案**に必要な要素を簡単にまとめるためのヒントをご紹介しましょう。

資料は、どうすれば伝わりやすいか（＝**訴求効果**）を考えることが先決です。これは当然、「対象者」と「目的」によって変わるので、資料もそれに応じて変えることが定石です。しかし、あらかじめパーツごとにモジュール化して作成しておくことで、毎回一から作成するのではなく、パーツの組み換えで対応できます。

稟議や報告では、検討したビジネスを後押ししてくれる何らかのアクションを引き出すことが必要です。ここでは、ビジネスモデル・キャンバスの要素をうまく流用した企画書のサンプルをご紹介します。

［図 5-9］企画書で押さえるべき観点（企画書サマリー）

企画タイトル	(わかりやすく、簡潔に)(キャッチコピーを入れる)
企画概要	(対象顧客に)(どのような価値を)(どのように提供するのか)

優先度	**ターゲット顧客**	**顧客ニーズ**	**価値提供**
高			
↓			
低			

特長	(アピールポイント)
他社との差別化・優位性	(本企画を事業化する目的、自社事業拡大予想・市場からの期待値等)
認知手段	(認知させるための手段、営業手法・広報宣伝等)
課金手段	(顧客が求める形態にて、複数手段あることが理想)
黒字化ポイント	(図式化させ、売り上げ推移やコストが一目瞭然となるような補足資料があるとベスト)
特筆すべきリソース	(本企画を事業化することで、自社にとって重要資産となり得るもの)

※ 上記のほか、「上記の裏付け資料」「顧客へのヒアリング結果」「市場調査データ」「外部環境・競合分析」「収支予測」「Webサイト構築イメージ(イメージ図となるもの1～2ページ程度)」などは、適宜添付しておきます。

このフォーマットのポイントは、キャンバスを知らない人でも提案内容の全容を把握できるような項目が網羅されていることです。

一方、内容はビジネスモデル・キャンバスから転記して整理したものがほとんどです。もともとキャンバスはビジネスの要点を押さえるためのフレームワークなので、提案資料への転用も容易にできることを覚えておくと、効率的なうえ論旨の一貫性を保ちやすくなります。

ここまでを通じて、「モノ売り」中心の既存のビジネスからの脱却をテーマに、新たな取り組みを進めるための検討例をご紹介しました。次のケースでは、組織の強化、チームの改善にテーマを移していきましょう。

CASE 2 チームの目標達成とエンゲージメント強化のためのキャンバス

CASE 2 では、百貨店の販売促進チームを例に、組織に目標を理解させ、エンゲージメントを高める方法を探ります。

新しい取り組みを行う際に、どうしても避けて通ることができないのが、**組織やチームの育成**です。ビジネスの原動力であるチームや個人の底上げは、企業の必須課題です。

組織では、時として方向転換しながらビジネスを推進することがあります。こうした際には、個々の「**勝手な判断**」や「**無駄な対立**」が起こりやすく、リーダーや管理職の役割も大きく変化します。

働く人を対象にしたリサーチや企業内での**エンゲージメント**（企業への愛着や絆）の調査においても、社内のコミュニケーションが円滑な場合は、チームの生産性が高く、反対にコミュニケーションに問題を抱えていると成果が上がりにくく、トラブルも起きやすいことはよく知られています。

また昨今では、テレワークの急速な普及なども相まって、こうしたコミュニケーションの問題は、チーム評価の問題だけではなく、メンタルヘルスへの影響など企業の**事業継続**の面からも大きな経営課題として取り上げられています。

コミュニケーションの質の低下は、くしくもビジネスを成功に導くときの鉄則と同じ、目標の明確化と相互理解によって解消できる場合が多いです。

ここでは、メンバーにより効率的に**チーム目標を理解**させ、**チーム力の集中**を促すために、キャンバスを活用した取り組みをご紹介します。

前述の記念日お知らせサービスを検討していた百貨店の販売企画チームを例に解説します。

[図5-10] チームキャンバスの改修の手順

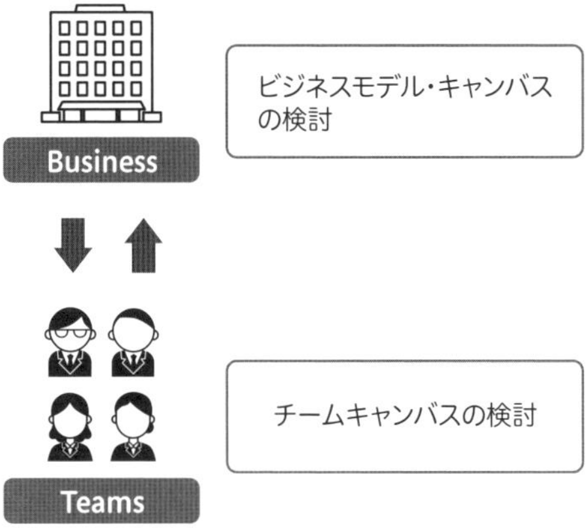

チームが一丸となって目的に向かうためには、まず自分たちが携わっているビジネス全般を理解することが重要です。チームモデルの照準をどこに合わせるかは、上位階層に位置付けられたビジネスモデルとの**階層構造**の理解が必要です。

チームのゴールは、この**上位階層のゴールに依存**しひっぱられるため、ビジネスモデルのゴールが変われば、チームのゴールも変わります。

この仕組みは、いたって当たり前のように思うかもしれませんが、毎日の業務に忙殺され、指示通りに動くことに慣れている組織にとっては、最も気づきにくいポイントです。特に、従来トップダウンの文化が根付いてしまって自律的に考える力を失った組織にとっては、もう一度自分たちの存在意義を明確にするための機会を積極的に作ることから始めなければなりません。

通常、こうした検討や議論は、年度初めや期初のキックオフ、チームが結成された際に行います。また百貨店の例のように、新規の取り組みが開始されたと同時に平行して行うことが必要です。

POINT キャンバスで共通課題の変化を共有

組織改革において、最も配慮が必要なことは「今、何に注力しているのか」ということがオープンになっていることです。キャンバスのような一定のフレームワークの活用は、検討をスムーズにするだけでなく、共通課題がどのように変化しているかを簡単に共有できることが大きなメリットです。組織の再編やチームミッションの変化など、会社の方針が変わったタイミングでチームメンバーと討議することが必要です。

共通理解のためのチームモデル

もし、自分がチームリーダーや管理職だとしたら、どのようなステップでチームメンバーに力を結集するように意識付けるでしょうか。

チーム力を最大化するためには、メンバーが同じ目標に向いていることがスタートです。

はじめに、チームメンバーは自分たちのチームモデルの共通理解を持つことが必要です。リーダーの立場に置かれている皆さんは、少なくとも自部門のチームモデルを適切に共有することが求められます。

必ずしも自分だけでチームモデルを作る必要はありません。むしろ**メンバー同士**で議論しながら**共通理解**を得ることのほうに意義があります。

ここでは、議論をもとに簡単な1st キャンバスにまとめた記載例をご紹介しておきましょう。

前述のCASE 1の事例で登場した、記念日お知らせサービスを検討している百貨店の販売促進チームの例です。

販売促進チームは、通常の企画や外商の組織とは別に、新規サービスのために選抜されたプロジェクト型のチームとして新たに発足しました。そのため、顧客セグメントに、「**社内**」と「**社外**」の両方が定義されているのが大きな特徴です。セグメントの違いから、同様に価値提案もそれぞれ対応するものが記載されています。

[図 5-11] 販売促進チームの 1st キャンバス

ビジネスモデルとの対比

チームの目指すべきモデルは、常に上位階層のビジネスモデルに依存することをご紹介しました。そこで、ビジネスモデルの方向性に対して、チームモデルをどのように対比させ、目的を合致させていくのか、アライメントキャンバスを用いて具体的に検証していきましょう。

①アライメントキャンバスの作成（1st キャンバスとの連携）

まずは、CASE 1 で作成した 1st キャンバスと連携させたアライメントキャンバスを見ていきましょう。

[図 5-12] アライメントキャンバス（1st キャンバスとの連携）

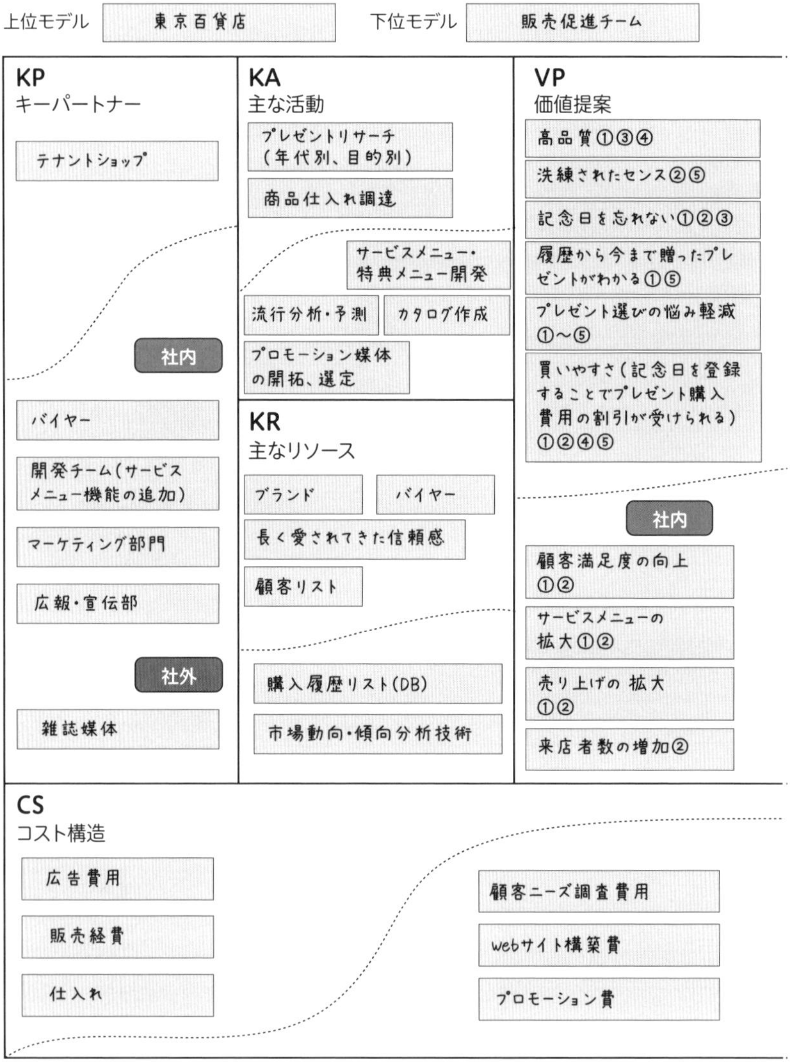

アライメントキャンバスには、ビジネスモデル・キャンバスのサマリーを転記し、チームモデルを下部に転記することで、上位のビジネスモデルの記載内容とチームの方向性、記載内容に齟齬がないかをチェックしていきます。

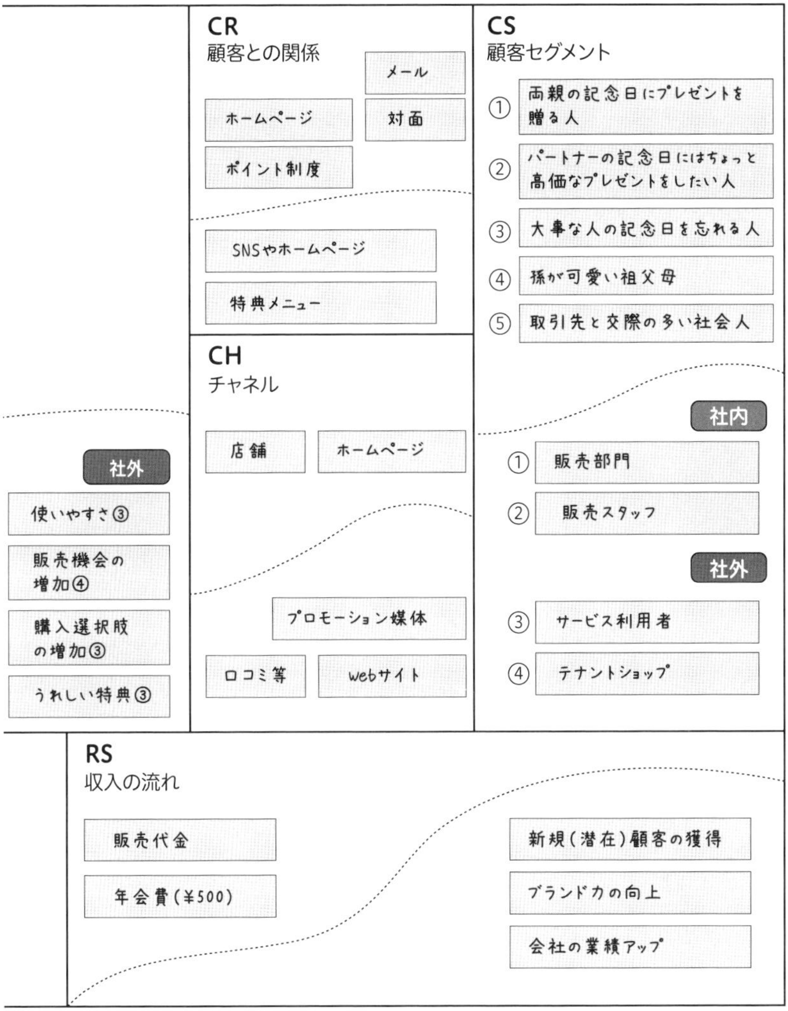

②アライメントキャンバスの修正（2nd キャンバスとの連携）

事例のようにビジネスモデルに変更が生じた場合、チームモデルも迅速に改修を行う必要があります。また、ビジネスモデルに大きな変更がない場合は、部内の課題解決に必要な変更要素のみを改修します。

［図 5-13］アライメントキャンバス（2nd キャンバスとの連携）

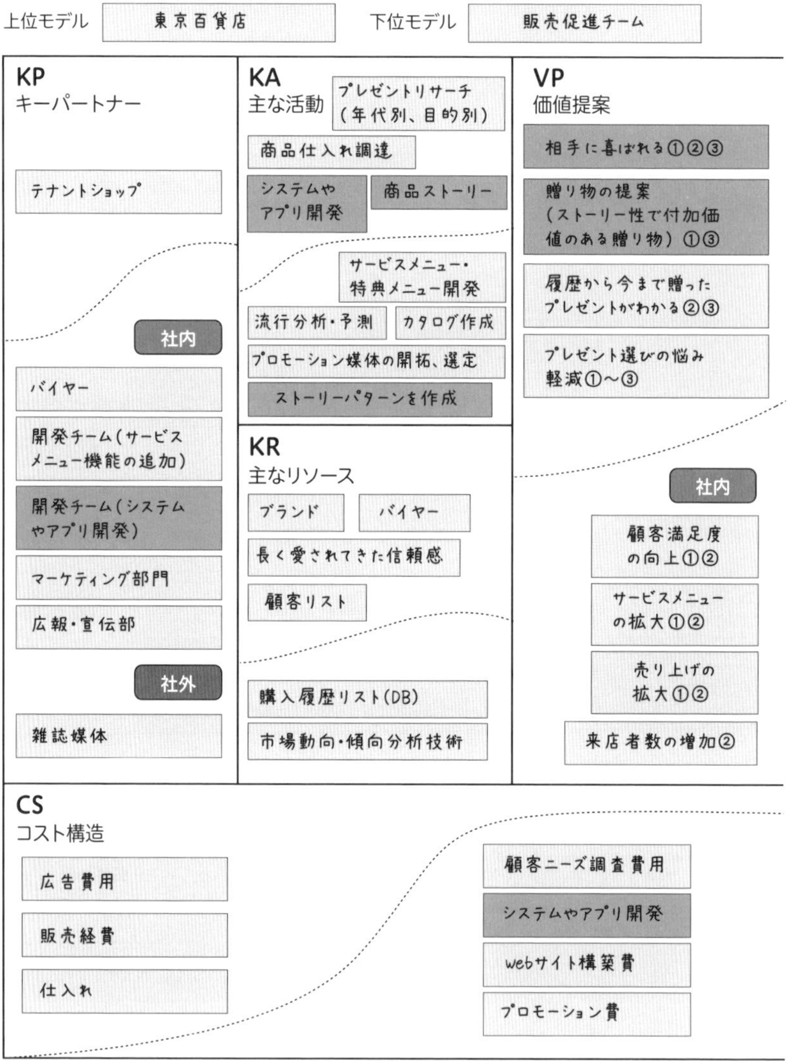

ここでは、上位のビジネスモデルにおいて2ndキャンバスへのアップデートの際に変更された箇所が別の色で表記されています。その影響を受けて、チームモデルもアップデートすべき点が明確になります。特に、販売促進チームが依存する要素に注目して改修を行います。

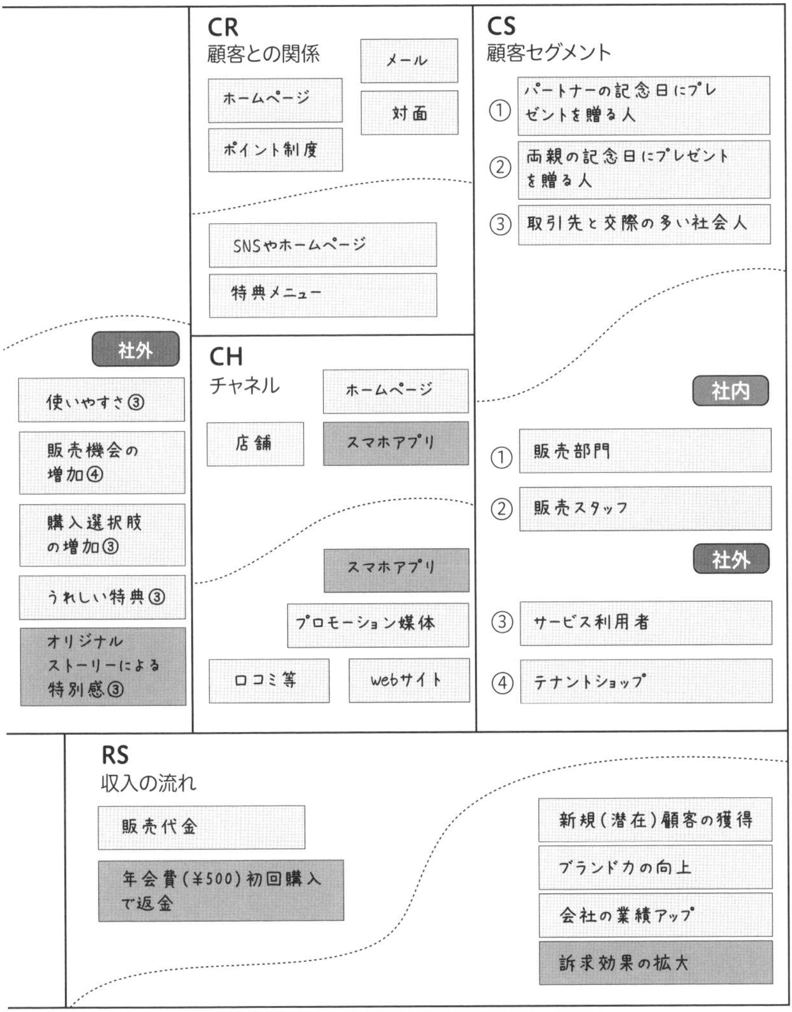

ここでは、上位階層の**ビジネスモデルの変更**がチームモデルの考え方に変化を及ぼしたことが一目瞭然で理解できます。

企業やビジネス全体のゴールを意図的に対比させることで、**視覚的に影響を確認**できるだけでなく、**定量評価だけでは伝えにくい**方針転換の意義や間接部門の目的を直感的に理解しやすくなるメリットもあります。

実際には、ビジネスモデルのアップデートが引き金になるだけでなく、例えば本社が「買収されて体制が変わった」、「目標が売り上げから利益率重視に変わった」など様々な要因の影響が、チームモデルの変更を余儀なくします。

いずれの場合も、チームに関連する上位階層のビジネスモデルの影響を理解できれば、明確に方向修正することができます。

メンバーの理解を得ないまま方針転換すると、事情を理解していないメンバーから「思いつきでころころ方針が変わる」、「なんでそうなったかわからない」、「よくわからないが、言われたのでそうしている」と不満の声が上がるだけでなく、モチベーションの減退につながってしまいます。

ツールを共通言語として活用することで、個別に説明するなどの労力を最小化することもできます。

③メンバーの理解から適切なアクションへ

自分たちの向かう方向性が理解できたら、今度は**どう行動に移すかが一番のカギ**になります。キャンバスの本質は上手に書くことではなく、その仮説を**実践**に移すことにあります。アライメントキャンバスでチームモデルの修正を確認したら、全体ゴールにどの程度近づけるのか話し合います。

2nd キャンバスを修正し完成させたら、**主な活動**の内容を**具体的なアクションプラン**に落とし込んでいきます。それぞれが、より効果的なアプローチについて語りはじめたら、自律的に考えられる力がついてきた証拠です。チームモデルをアップデートしていきましょう。

進め方として、注目するのは**主な活動のブロック**です。主な活動は、自分たちから**能動的に**仕掛けられる活動が記載できます。そのため、チームモデルの実際の推進は、この活動の実現性にかかっていると言っても過言

[図 5-14] チームの主な活動

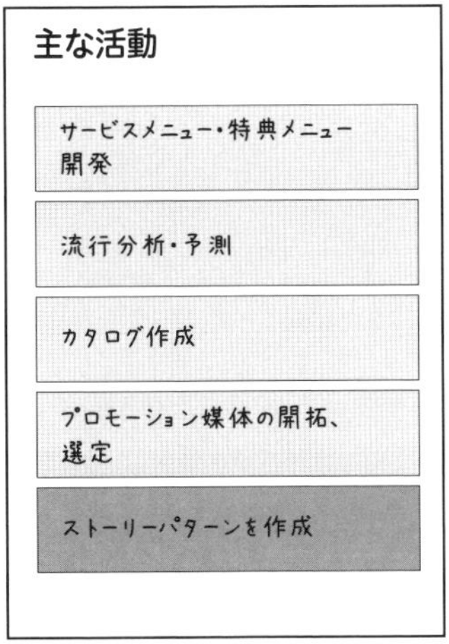

主な活動
サービスメニュー・特典メニュー開発
流行分析・予測
カタログ作成
プロモーション媒体の開拓、選定
ストーリーパターンを作成

ではありません。

主な活動の項目を具体的なアクションプランまで落とし込んで、マイルストーンを共有します。具体的な日付、実行担当を明記して進捗や実行漏れをチェックすることで、絵に描いた餅ではなく**リアリティのある実践**につなげます。

POINT　主な活動のフェーズを分ける

主な活動を整理するときのポイントとして、例えば次のようにフェーズ分けをして作業項目を挙げておくと、アクションプランの作成が簡単になります。

①準備や開発フェーズで行う活動
②販促や拡販に必要な活動
③サポートや維持に必要な活動

④アクションプランで実行・検証を行う

個々のメンバーが、アクションプランに基づく**「具体的で実行可能」**な線表管理ができたら、定例会議などで進捗を確認していきます。

自分たちで自律的に立てた戦略と計画が少しずつうまくいきはじめると、さらに**自ら考え、自ら次のアクション**を起こすサイクルにつながります。

チームビルディングに力を入れているリーダーや管理職は、必ずアクションプランで立てた計画の実行がうまくいっているかチェックしましょう。

これは、できていないことを催促するためではありません。むしろうまくいっているときに、**「できたこと」を共有**することが主な目的です。

できていない場合は、責任を押し付けるだけでなく、最善策の意見を出し合い、早く解決することは**チーム全員の利益**だという意識に転換させることも必要です。

メンバーの成長には、自分で考えた施策に対する**成功体験**が一番の特効薬なのです。この成功体験が「次も進んでいいんだ！」という実感につながります。

よく「失敗を振り返り、きちんとフィードバックする」という目標を掲げるチームがありますが、「沈みかかった船」には誰も乗りたくありません。むしろ**小さな成功**を積み重ねて、ゴールに向かっているイメージをいかに描けるかが、チームモチベーションの維持に必要な観点なのです。

[図 5-15] アクションプランの線表管理（例）

	担当者	2020年 9月 1w	2w	3w	4w	10月 5w/1w	2w	3w	4w	5w	11月 1w	2w	3w
サービスメニュー・特典メニュー開発	小山												
流行分析・予測	佐藤												
二次情報等でリサーチ													
調査資料の予算組、予算申請書類作成			▲予算承認										
調査資料入手				▲									
分析・予測結果の資料化													
カタログ作成	林田												
カタログ作成						▲社内承認							
カタログ発注・納入							▲発注		▲納入				
プロモーション媒体の開拓、選定	林田												
媒体調査、選定													
予算組、予算申請書類作成			▲予算承認										
プロモーション内容検討						▲社内承認							
プロモーション実施							▲						
プロモーション効果測定													
ストーリーパターンを作成	小山 佐藤												
ストーリーパターンの洗い出し													
資料作成	小山												
アプリ搭載イメージ検討	佐藤												
アプリ仕様作成	佐藤								▲アプリ発注		▲アプリ納品		
アプリ受入試験													

POINT 「できたところ」も共有

目標を立てて実行しているのに、誰もチェックしてくれないと長続きしません。やらされている感が出てしまうのは、やらせるだけやらせて、後は誰も知らないというパターンに陥ってしまうからです。進捗管理は、現状の工程の遅れを確認することだけを目的とせず、必ず「できたところ」を共有することにも目を向けてみましょう。

CASE 3

チームに貢献するキャリアデザインのためのキャンバス

CASE 3では、機械系メーカーのエンジニアを例に、チームに貢献しつつ自分がスキルアップするアプローチを考えます。

働き方の多様化が一気に進んだ昨今、**個人のライフワークバランス（仕事と生活の調和）**に対する価値観も急激に変化し、企業も成果に対する考え方や**評価制度**の見直しが急務となっています。

そのため、個々のスキルアップに対する考え方にも大きな変化が求められており、**「成り行きのキャリア形成」**ではなく、より積極的なアプローチを身につけることが必要です。

CASE 3では、**チーム貢献**と**自身のスキルアップ**を両立するためのキャリアデザインの考え方についてご紹介していきます。

[図5-16] パーソナルキャンバスの改修の手順

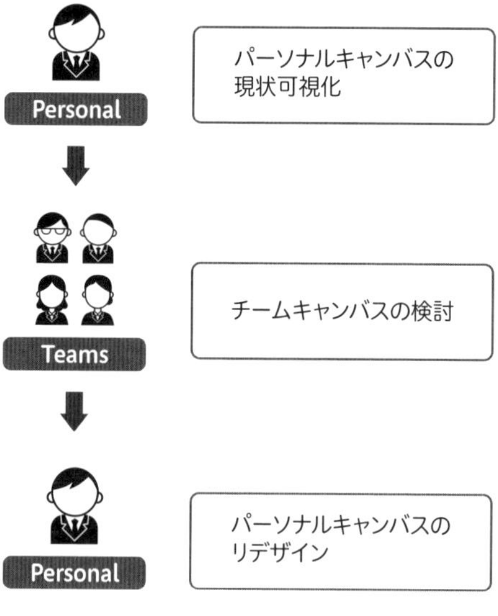

ここからは、機械部品メーカーに所属する設計担当のエンジニアを例に、キャリアデザインの考え方をご紹介していきましょう。

［図 5-17］エンジニアのプロフィール例

プロフィール

設計エンジニア　42歳　男性

機械部品メーカー　技術部に所属

【業務】機械部品の設計
新年度からグループのチームリーダーに昇格

このエンジニアは、設計担当としてキャリアを積み、新年度からグループリーダーとしてチームを任され、数人の部下を抱えています。

一般的に、プレイヤーから**リーダーや管理職に移行**する際には、役割が変わるため、必然的にパーソナルモデルの見直しが必要になります。しかし、単純にプレイヤーの延長上のモデルという捉え方では不十分です。

特にエンジニアなどに代表される専門職では、プレイヤーとして評価されるスキルは、個人に直接紐付くものです。しかし、リーダーとしては、よりチーム全体の利益や生産性にかかわる視点とスキルが要求され、**視野の範囲とステージ**がまったく異なることを改めて認識することが重要です。

POINT　**起業や転職が前提なら 2nd キャンバスへ**

キャリアデザインの見直しを行う場合、パーソナルキャンバスの現状可視化からスタートし、次に所属する組織のモデルとの整合性をチェックしていきます。起業や転職などを前提にしている場合は、この工程を省いて、2nd キャンバスにアップデートします。

①パーソナルキャンバスによる現状の可視化

まず、パーソナルキャンバスで現状を確認してみましょう。

客先への訪問や提案もありますが、主に設計技術者として対象となる社内の顧客に絞って記載しています。

[図 5-18] パーソナルモデル（1st キャンバス）例

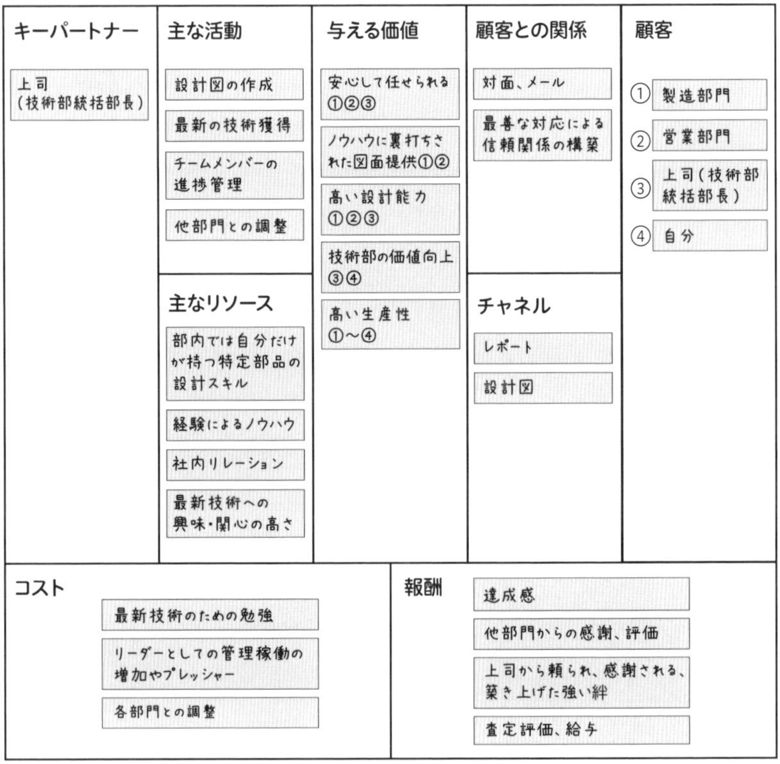

また、こうした**専門職**では、**自分自身**が顧客セグメントに入るケースも多く、自己の成長、達成感、周囲の評価などが自身のモチベーションに大きな影響を与えるモデルです。

②チームモデルによる問題提起

チームモデルがビジネスモデルに依存したように、上位階層のモデルがその下に位置するモデルに大きな影響を与えます。そこで、パーソナルモデルの目指すべき姿を導く手掛かりとして、**チームモデル**に目を向けてみます。

［図 5-19］所属チームのチームキャンバス

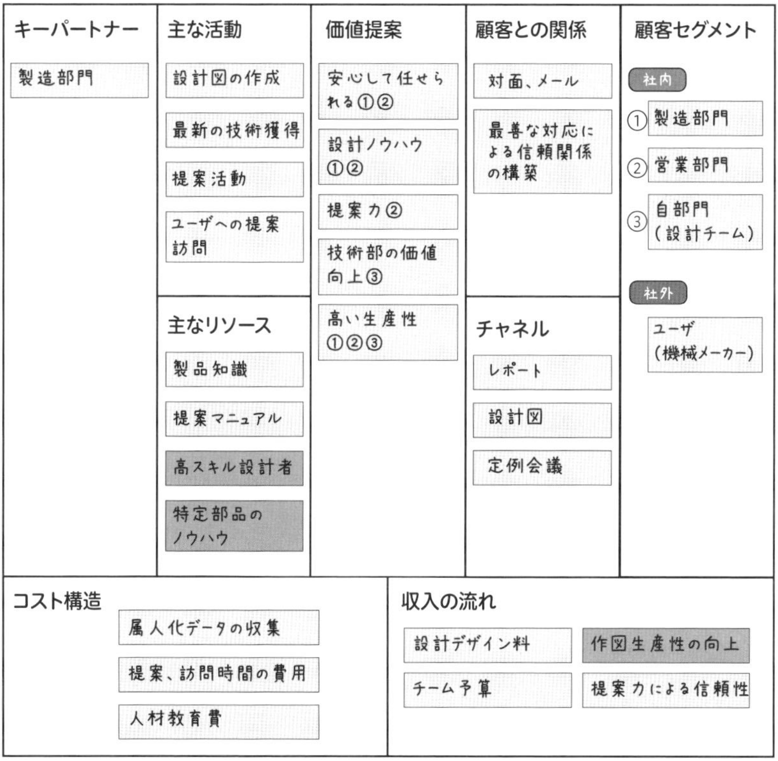

所属する技術部設計チームのモデルのゴールや課題の確認から行います。チームモデルのキャンバスには、今期目指すべきモデルが記載されており、新たなゴール設定や価値提案に必要なリソースでまだ担保されていない要素は、違う色で表記しています。

設計チームでは、ある機械部品の設計に関する生産性を向上させることで、ビジネス全体の売り上げやチーム評価に大きく貢献することがゴールです。

ここで、プレイヤーとしてスキルアップや評価の向上を目指す場合は、自分の設計生産性を上げることを目標に、パーソナルモデルの改善に注力します。一方、リーダーとしての成長を目指す場合は、**チームの課題に注目**すると適切な改善モデルを検討しやすくなります。

例えば、ある特定部品の設計スキルやノウハウは、部内で自分だけが持っていると仮定します。これは今後の成長分野の１つなので、チームだけでなく社内でも高い評価を得ており、チームリーダーに抜擢された要因の１つにもなっています。

しかし、技術部設計チーム全体に視点を移すと、こうしたノウハウや設計スキルが**属人的**で、かつ技術者の高齢化も進む昨今、今後の**技術継承に大きな課題**があることが社内でも指摘されています。

キャンバスでは、違う色で記載された箇所に注目してみましょう。

チームゴール：収入の流れのブロックの通り、「作図の生産性向上」を目指すことが求められる。
課題：主なリソースのブロックの通り、「高スキル設計者」が足りない、「特定部品のノウハウ」を持っているのが自分だけである。

上記課題の抽出を踏まえて、今後のパーソナルモデルをどのようにアップデートするのか、一緒に考えてみましょう。

チームゴールとの対比により明らかになった課題に対して、どのような視点でキャンバスを改修していくべきか検討していきます。

課題を外部的な環境要因と自己欲求に基づく内部要因に分けて整理してみました。

環境要因

- チーム全体の生産性を向上させるには、自分のスキルと稼働だけでは達成できない。
- チームメンバーのスキルは十分でない。
- メンバーの育成、技術継承は会社としても大きな課題。

内部要因

- リーダーとして、メンバーからの信頼を勝ち得たい。
- チーム目標を達成することで、メンバーのモチベーションを向上させたい。
- 上司や経営層の期待に応えたい。
- 技術継承について、自分だけでなくほかの部署にも活動を広めたい。

POINT パーソナルモデルは内部要因を中心に

パーソナルモデルを改修する際に、どんな取り組みを優先するかを選択するうえで、環境要因に偏りすぎると難易度が高くなったり、いやいやながら取り組んだりすることが多くなります。内部要因の課題とリンクしやすい課題から解決していくことで、やりがいを感じられる可能性が高くなります。

③リーダーとしてのモデルへ改修

チームモデルで課題が明確になったら、解決につながる施策をパーソナルモデルで検討していきます。

［図5-20］アップデートされたパーソナルキャンバス

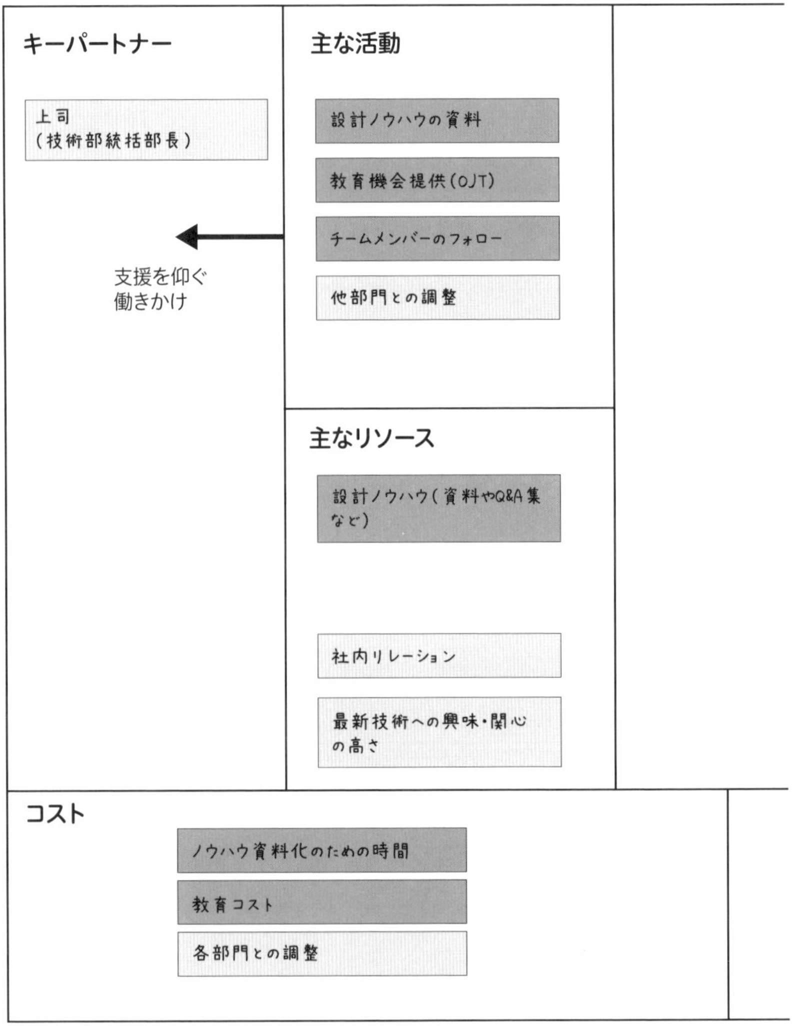

このパーソナルモデルでは、テーマが「技術力向上・維持」から「**技術継承**」に移ったことが大きな変化です。つまりノウハウの共有、教育によるメンバーのスキル向上を通じて、チーム全体の生産性をさらにアップすることをゴールに設定しています。

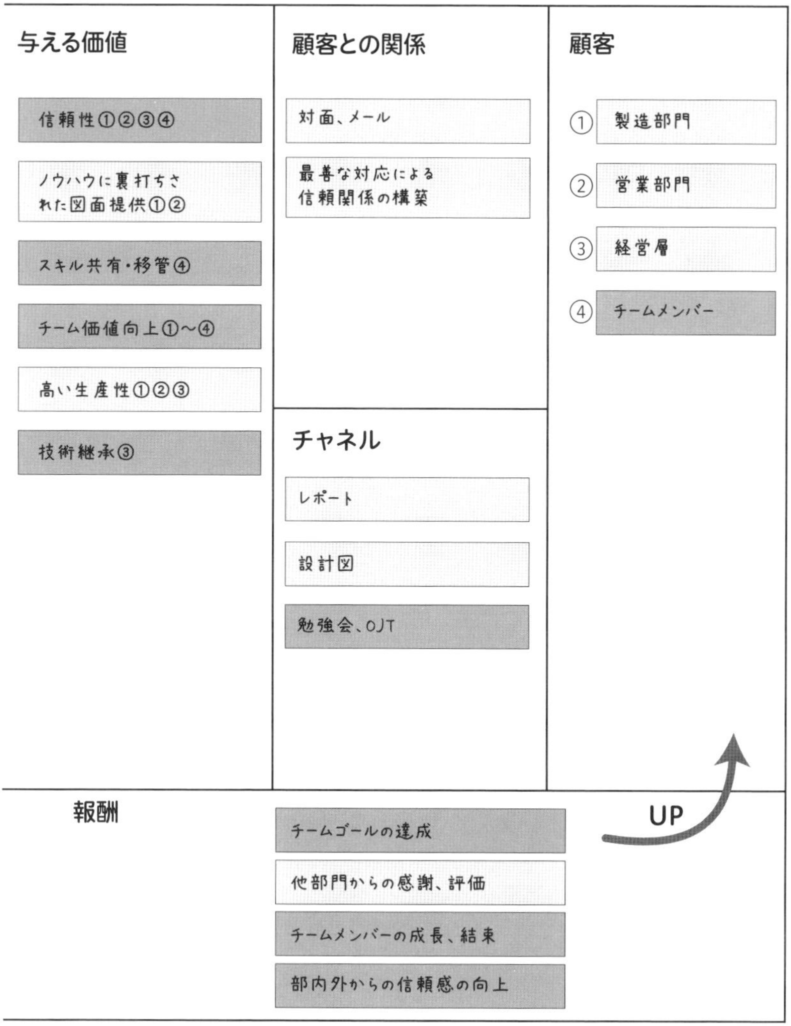

このように、新たな立場により課題の視点が変わったことで、個人のスキルアップの観点が、「技術ノウハウの蓄積」より「全体リソースの確保」や「チームマネジメント」に**スケールアップ**していることが大きな変化となります。

個人の成長には、担務領域でのスキルの獲得から始まり、経験とともにその業務や分野の範囲を拡張していくことが求められます。役割に応じたスキル獲得を経ることで、次のステップに成長することができます。

早い段階からこうした視点を持つことができれば、中長期で見た際のスキルデザインの方向性を積極的に意識し、より希望に近づくためのアプローチを仕掛けることも可能になります。

キャリアのステップアップを 5 段階に整理してご紹介します。

① 学んだことを実践する
② 得意分野を確立する
③ 得意分野でリーダーになる
④ 得意分野を超えたリーダーになる
⑤ さらに広範囲のリーダーになる

POINT　既得権益を守る姿勢に陥らないために

プレイヤーモデルでは、自身の経験やノウハウ、技術的なスキルなどは、他者と比べた優位性や差別化要因の 1 つになります。そのため、個人としてさらにノウハウを蓄積してリソースを担保する傾向になります。リーダーや管理職になっても、この思考から抜け出せないと、既得権を死守するマネジメントスタイルに陥りがちになります。キャリアデザインの面からも、次のステージへのステップアップの妨げになることもあります。パーソナルモデルで検証しながら俯瞰的な視点を持つように心がけましょう。

CHAPTER 5 のまとめ

CHAPTER 5 では、ビジネスモデル・キャンバスを利用シーン別に組み合わせながら活用する事例についてご紹介しました。

多くの企業が産業構造の変化の影響により過渡期を迎える中、最も重要なことは迅速な現状把握です。情報過多の時代、正しくて客観性の高い現状認識は、次の一手を打つための最大の武器になります。

ビジネスにおける“打ち手”の創出は、「**現状認識**」、「**問題提起**」、「**課題絞り込み**」、「**具体的施策**」の繰り返しと検証の客観性が不可欠です。

ここまでの事例は、少し応用すれば皆さんの組織でも活用できるものを掲載しました。実践してみることで得られる気づきもあるでしょう。

キャンバスの活用を始めるにあたっての 7 つの留意点をご紹介しておくので参考にしてみてください。

キャンバス活用を始める際の 7 つの留意点

①改善したいこと、困っていることは何か、明確にする。
②ビジネス、チーム、パーソナルのどの視点から検討すべきか。
③検討メンバーは、誰なのか。
④いつまでに、どんな結果が欲しいのか。
⑤検討メンバーは、キャンバスの基礎理解ができているか。
⑥どのくらいの時間をかけるか。
⑦アウトプットは、誰に報告、または共有するのか。

ビジネスモデル・キャンバスを導入している企業はたいへん多く、活用方法も多岐にわたります。導入企業がどのような目的で導入しているのか、代表的なものをいくつかご紹介するので、参考にしてみてください。

新規分野、新規事業開発

既存事業の堅調なうちに、今までとはまったく違う領域の事業開発のフレームワークとして導入。

若手の育成

若手のビジネス開発スキルを向上させ登竜門として活用。ワークショップでの検討プロジェクトを通じて、事業開発全般のプロセスを学ぶとともに、組織横断型のリレーションの構築を目指す。

次期幹部候補の育成

次世代の幹部候補の育成、昇格試験のプレゼンテーションにキャンバスを導入。キャンバスにより、一貫性のある戦略シナリオの構築力を強化。

既存ビジネスの課題検討

伝統的な手法や販売スキームからの脱却のために、ビジネスモデル・キャンバスによるデザイン思考のビジネススタイルに変革。

顧客志向への意識改革

プロダクトアウトスタイルの従業員意識の変革に活用。

経営層の中期計画の指針策定

経営層から現場管理職まで、一貫した論旨を共有するために中期経営計画などの作成時の課題共有、ゴールの明確化に活用。

部下の目標管理、評価トラッキング

部内メンバーの個人目標の設定、成長課題の共有フォーマットとして、パーソナルキャンバスを活用。上長のトラッキング用履歴として管理。

海外企業、海外政府への提案

商品企画やマーケティングにおける標準フォーマットとして活用。特に海外向けの協業企業との検討や提案、海外政府系案件の提案などにグローバル標準として活用。

コミュニケーションスキル強化

顧客へ訴求するためのコミュニケーション力の強化、一貫性のある論旨を伝える力、提案力の強化のための思考ツールとして活用。

イノベーション人材育成

プロジェクト型のビジネススタイルの推進、イノベーション人材をコアとした風土改革の実践に活用。

部内体制刷新後のチームビルディング

期初におけるチームビルディングと部門ゴールの全体共有のために活用。

事業開発の定点観測

事業開発中のプロジェクトのビジネスモデルを定点観測するためのフォーマットとして活用。

高校でのプロジェクト型アクティブラーニング

卒業研究のプロジェクトとしてビジネスモデル構築を実践。検討フォーマットや仮説デザインのツールとして活用。

新人向け、インターン向け

新入社員やインターンに自社ビジネスの理解を深めるための共通言語、整理シートとして活用。

社内事業の検索

社内事業の可視化、共通フォーマットによりデータベース化し、閲覧、検索に活用。

ビジネスモデル・キャンバスは Strategyzer.com、VP（バリュープロポジション）キャンバスは Strategyzer.com と Strategyzer AG が開発したツールです。

参考文献：
アレックス・オスターワルダー、イヴ・ピニュール『ビジネスモデル・ジェネレーション』
ティム・クラーク、ブルース・ヘイゼン『ビジネスモデル for Teams』
ティム・クラーク、アレックス・オスターワルダー、イヴ・ピニュール『ビジネスモデル YOU』
(以上翔泳社刊)

今津 美樹 ― Miki Imazu ―

WinDo's 代表、組織のためのビジネスモデル協議会代表理事。米国系 IT 企業におけるマーケティングスペシャリストとしての経験から WinDo's を設立、代表を務める。通信および AI（人工知能）開発の技術者としての経験を生かし、デザインアプローチによるビジネスモデル構築の分野で多くの実績とそのノウハウを紹介する著書多数。国内外の数多くの企業および大学でのビジネスモデルの研修を手掛け、受講者は延べ 2 万 3000 人を超える。明治大学リバティアカデミーで長年にわたり講師を務める。日本で唯一、チームモデル、パーソナルモデルにわたるすべてのビジネスモデル体系を一気通貫で教育する、ビジネスモデル教育の第一人者。著書に『図解ビジネスモデル・ジェネレーション ワークショップ』『図解ビジネスモデル・ジェネレーション ワークブック』、訳書に『ビジネスモデル for Teams』（いずれも翔泳社刊）などがある。

http://www.windo.co.jp/bmg/

ブックデザイン・DTP ／ Isshiki

ビジネスモデル・キャンバス徹底攻略ガイド
企業、チーム、個人を成功に導く「ビジネスモデル設計書」

2020 年 9 月 17 日　初版第 1 刷発行

著者　今津 美樹（いまづ みき）
発行人　佐々木 幹夫
発行所　株式会社 翔泳社（https://www.shoeisha.co.jp）
印刷・製本　株式会社 加藤文明社印刷所

ISBN 978-4-7981-6738-1　　Printed in Japan